ざっくり読書

論語と算盤

渋澤 健 監修

宝島社新書

はじめに

いまこそ渋沢栄一という原点に帰ろう

論語と算盤《そろばん》――。

このふたつの言葉は一見接点のないように感じられるが、これは「日本の資本主義の父」と称される明治・大正期の実業家・渋沢栄一の講演集のタイトルだ。渋沢は第一国立銀行をはじめとする、500社ほどもの企業創立・発展に貢献した偉大な人物である。

資本主義と聞けば、金儲《もう》け、格差社会というイメージがあるかもしれないが、渋沢は社会のために財をなすべきと考えた経済人であった。だからこそ、600もの教育機関、医療機関、社会公共事業などにも尽力した。仁義道徳に基づいた富でなければ、永続しないと考えていたのだ。

この思想をまとめたのが、1916(大正5)年に出版された講演集『論語と算盤』だ。論語とは中国古代の思想家・孔子《こうし》の言行録《げんこうろく》で、渋沢は仁義・道徳の根拠に据えていた。算盤は経済、利益といった意味合い。論語と算盤を同時に存在させるべきという、彼の考えを表わしている。

同書は長らく、主に経済界で働く人にとってのバイブル的存在だった。昨今では、野球の栗山英樹監督や大谷翔平選手らスポーツ選手が選手育成に効果的な一冊として愛読しているとのことで、再び脚光を浴びている。

ただ、『論語と算盤』は大正期に出版されたものであるから、やや難しい表現もあるのが難点だ。本書では学びやすくするため、重要な項目を絞って5つの要点にまとめ直した。また、知っておきたいキーワードも加え補説。章末には、その章に対する私のコメントも掲載している。

個人の富だけに走っているような経済人のニュースがあとを絶たない。今だからこそ、渋沢の思想に立ち戻り、自らの事業が未来の社会へどのように貢献できるのか、思いをめぐらすのは決して無駄なことではないだろう。本書がその一助になれば幸いに思う。

渋澤 健

ざっくり読書 論語と算盤　目次

第1章 処世と信条
―富と仁義の章―

第2章 立志と学問

―青年と勤勉の章―

第3章 常識と習慣

―人間と人格の章―

第4章 仁義と富貴

―お金と社会の章―

第5章
理想と迷信
―若者と仕事の章―

第6章
人格と修養
―知性と学問の章―

第9章 教育と情誼《じょうぎ》 ―親と学校の章―

第10章 成敗《せいはい》と運命

―成功と努力の章―

第1章

処世と信条

―富と仁義の章―

世の中の役に立つ経済を導くためには、長続きする富を築くためには、正しい道理、仁義や道徳が必要であると渋沢栄一はいう。では、その仁義・道徳とはどのようなものか。本章では、『論語』をもとに述べられている。

001

道徳とビジネスは遠いようで近い

論語と算盤とは甚《はなは》だ遠くして甚だ近いもの

一

現代の道徳にもっとも影響を与えたもののひとつとして、『論語』が挙げられる。孔子の言葉が記されたこの書物、一見ビジネスとは無縁のように思えるが、じつはそうではないのだ。

二

商売は、道徳（＝モラル）によってうまくいく。それと同時に、道徳もまた商売によって本当の意味で世の中を潤すことができる。この2つはかけ離れているようでじつは近いものだ。

三

うわべだけのきれいごとでは社会は発展しないため、進歩のためには「富を増やしたい」という欲望が必要になる。その富が永続するためには、根幹に必ず「仁義」や「道徳」といった正しい道理がいるのだ。

四

だから、政界・軍事界の人間だけでなく、実業界の人間ががんばらなくてはならない。実業界が盛り上がって富を成し、正しい道理を持ってその富を永続させることで、社会は真に発展していくだろう。

五

だから私は、『論語』と算盤という、一見かけ離れたものを合わせようとしている。道理と事実と利益が必ず一致することを、私は証明しなければならないのだ。

Keyword 01

論語

中国の春秋《しゅんじゅう》時代（紀元前８～紀元前５世紀）に生きた思想家である孔子の言葉を、弟子たちが記録した思想書のこと。孔子の思想に基づく教えである「儒教」の基本となる経典で、現代の道徳や倫理観にも深くかかわりがある。日本へは古墳時代（285年頃）に伝来したとされ、聖徳太子など名だたる政治家も学んでいたといわれる。『論語』『大学《だいがく》』『中庸《ちゅうよう》』『孟子《もうし》』から成る「四書《ししょ》」、『易経《えききょう》』『詩経《しきょう》』『書経《しょきょう》』『礼記《らいき》』『春秋《しゅんじゅう》』から成る「五経《ごきょう》」を合わせた「四書五経《ししょごきょう》」は、儒教の経書《けいしょ》の中でも特に重要視される。最初に学ぶべきものとして、中国宋《そう》代（10～13世紀）の儒学者である朱子《しゅし》が命名した。

002

ビジネスマンは武士的精神を持て

士魂商才《しこんしょうさい》

一

昔、菅原道真《すがわらのみちざね》は「和魂漢才《わこんかんさい》」（日本人ならではの大和魂《やまと》を大切にしつつ、中国の学問を身につけるべき、という意味）ということを提唱した。それに対して私は「士魂商才」という言葉を唱えている。

二

士魂商才とは、人間が生きていくには「武士のような心の強さ」を大事にして、「お金のやりくりをする能力」も身につけねばならないということだ。「士魂」には「商才」が必ず必要になるのだ。

三

その2つを養うのに適したものが『論語』だ。道徳が根っこにあるビジネスこそが真の商売で、不道徳なものは「小賢《こざか》しい」だけの商売である。そういった意味で、士魂はもちろん商才も『論語』と切り離せないのだ。

四

日本国でもっとも戦争が上手で処世に長《た》けていたのが、徳川家康《とくがわいえやす》だ。彼は200年以上に続く安寧の世を作り上げた偉人だが、彼の残した『神君遺訓《しんくんいくん》』もまた、『論語』と一致する部分がほとんどなのだ。

五

たとえばその中の「人の一生は重荷を負ふて遠き道を行くが如《ごと》し」という有名な一節は、『論語』の中にも似たものがある。徳川家康の偉業は『論語』あって成し遂げられたものなのだろう。

Keyword 02

徳川家康

江戸幕府の初代将軍。1542年、尾張《おわり》国岡崎城の城主・松平広忠《まつだいらひろただ》の長男として生まれる。6歳の時に織田《おだ》氏・今川《いまがわ》氏の人質となるが、1560年の桶狭間《おけはざま》の戦いの後に、織田信長《のぶなが》と組んで今川氏や武田氏を破り、岡崎で勢力を拡大する。信長の死後は豊《とよ》臣秀吉《とみひでよし》と一時対立するものの、後に臣従。関東一帯を支配するようになる。秀吉政権下では政治の中核である五大老の筆頭格となり、秀吉亡き後の政権の中枢となる。家康に反発し挙兵した石田三成《いしだみつなり》を、1600年の関ヶ原の戦いで破り、1603年に征夷《せいい》大将軍《たいしょうぐん》となり江戸に幕府を開いた。2年後には息子の秀忠に将軍職を譲り、1616年、駿府城《すんぷじょう》にて没する。

003

好機は気長に待て

時期を待つの要あり

一

人と争わないというスタンスでは、人は成長も進歩もすることはできない。特に若い頃はそうだろう。しかし、それと同時に「争うべき時期が来るのを気長に待つ」ということも大事なのだ。

二

人生の半ばも過ぎた私は、若い頃と比べて争うということは少なくなった。というのも、「世の中というものは、こういうことをすれば必ずこうなる」という因果関係が分かってきたからだ。

三

既に結果が生じてしまったできごとに関しては、後からやってきて形勢逆転を狙って争っても、もうどうすることもできない。因果関係が既に決定してしまったことがらは、一定の時期が来るまでは動かせないのだ。

四

世の中で生きていくにあたって、成り行きを静観して気長に時期がやってくるのを待つことも大事なのだ。正しさや信念を捻《ね》じ曲げようとしてくる人と戦うのと同じくらい、忍耐の重要さも若者に説きたい。

五

たとえば、いまだに官尊民卑《かんそんみんぴ》の風潮は日本から消えていない。しかし、時期が来るまではこの大きな悪しき流れは到底変わらない。だから今のところは声を上げるにとどめ、時期を待っているのだ。

Keyword 03

官尊民卑

官吏・官僚を尊いものとし、民衆を卑しいものとする考え方。維新後の日本では、政治の集権化や資本の蓄積が急速に行なわれたことがあり、政府側の優越意識と民衆の服従志向の強化につながったとされる。官尊民卑の風潮のもとでは、民間人ならば当然罰せられるようなことを官僚が犯しても、摘発されることもなく、ある程度ならば黙認されてしまう。逆に、官僚が成果を上げるとちょっとしたことでもすぐに認められるが、民間人が国の発展に大きく貢献したとしても、その功績が認められることは少ない。その人が官なのか民なのかによって、処罰や恩賞に違いが出てしまうのはおかしなことだと、渋沢は批判していた。

004

真の平等とは何か

人は平等なるべし

一

才能の適不適を判断して、適材を適所に配置することは大事だが、これがなかなか難しいのだ。なかには、裏で人を思いどおりに操ろうという企《たくら》みがある場合もあるので、困ったことだ。

二

この適材適所がうまかったのが、徳川家康だ。私はその人事の知恵は学びたいと思う。しかし、「人を道具のように扱って権力基盤を作る」という家康の目的は、まったく倣《なら》おうとは思わない。

三

私はただ、適材適所を実行するだけだ。適材を適所に置いて、成果を上げてもらう。これこそがその人が社会に貢献する本来の姿ではないだろうか。そしてその采配《さいはい》自体が、私の社会への貢献にもなるのだ。

四

裏のある人事で人を操ってはいけない。もし私の下で働いている人が、その舞台が狭いと思うのなら、別の場所で思うままに活動をしてほしい。人は自由に活動しなければならないのだ。

五

そして人は平等でなければならない。お互いに驕《おご》らず、侮《あなど》ることなく、大きな心で接し合うことが大切だ。そのようにして、決して背き合うことがないように私は常々心掛けている。

Keyword 04

家康の権力基盤

家康は幕府の体制をより強固にするため、万全の布陣を組んだ。まず、居城である江戸城を守るために、関東地方は徳川恩顧の一族で固めた。そして徳川家の一門の最高位である「御三家《ごさんけ》」には、関東への出入り口や交通の要衝などを守らせた。たとえば尾張徳川家には東海地方の要衝である尾張国（現在の愛知県）が任せられていた。さらに、その采配は日本全土に及んだ。越後《えちご》（現在の新潟県）には榊原《さかきばら》家、出羽《でわ》（現在の山形・秋田県）には酒井家、伊賀《いが》（現在の三重県）には藤堂《とうどう》家などの家康の信頼厚い臣下の一族を配置した。これにより、関東から遠い大名たちは、家康に手も足も出せなくなってしまったのだ。

005

順境は自分の意志で勝ちとれ

大丈夫の試金石《しきんせき》

一

いかに頭の良い人であっても、人生の中では意外な逆境に立たされたりもする。私が生きた時代のような大波乱はめったにないとしても、人生に波乱はつきものだろう。

二

ただ、逆境に立たされている人は、なぜそれが起こったのかを調べ、人為的に発生したものなのか自然発生したものなのか区別し、対策を立てるようにしてみてほしい。

三

つまり、自然発生した逆境にどう対応していくか、という点で、逆境は「大丈夫の試金石」といえる。その場合、「これが天命」と覚悟してしまえば、平常心を保てるものだ。

四

その一方、自分が引き起こした人為的な逆境に関しては、とにかく反省して、自分の悪い点を改めるしかないのだ。自分から「こうしたい」と思って努力をすれば、たいていは思いどおりになる。

五

しかし、多くの人はそのように努力して幸福を招くことなく、勝手にねじくれて逆境に陥るようなことをする。そんなことでは「順境に立ちたい」といっても、実際には難しいだろう。

Keyword 05

「大丈夫の試金石」

試金石とは、貴金属の鑑定に使われる黒く硬い石のこと。良質なものは碁石《ごいし》として加工・利用されることもある。主に金や銀などの貴金属の表面部分にこすりつけ、痕《あと》や色合いを標準のものと比較して見ることで、その金属の純度を確認することに古くから用いられてきた。そこから転じて、「試金石」とはものの価値や力を測定する基準となるものごと、という意味で使われるようになった。渋沢栄一が『論語と算盤』のなかでいう「大丈夫の試金石」とは、発生してしまった逆境に対して、どのように対応していくかによって、その人の人としての能力が試されるのだという意味で用いていると思われる。

006

うまくいっても調子に乗るな

得意時代と失意時代

一

だいたい、トラブルの芽はものごとがうまくいっている時に出る。そのため、うまくいっている時もうまくいかない時も、気持ちを上下させることなく平常心を心掛けてほしい。

二

誰でも重要なことには集中をするけれども、小事には油断して不注意になってしまうものだ。すべてに集中しろというわけではなく、ことの大小にかかわらず、本質をよく考えてからしかるべき処置を行なおう。

三

そして重要なことにとりかかるには、まず「うまくできるかどうか」の判断を。その判断基準は人によるが、私は道理、社会的利益、自分のためになるか、などをしっかり考えるようにしている。

四

その一方、小事に対して深く考えず決めがちなのはいけない。大きなトラブルも幸福も、小さなことが積み重なって成るものだ。すべてに対して、大小関係なく思慮深くとりかかるようにしよう。

五

そのように気を引き締めてあたることで、なにごとも乗り越えることができる。逆にものごとがうまくいっている時に調子に乗る人は、失敗を兆《きざ》すことになるのだ。かの水戸黄門《みとこうもん》（徳川光圀《とくがわみつくに》）も触書《ふれがき》で残した、大事な知恵である。

Keyword 06

水戸黄門（徳川光圀）

常陸《ひたち》水戸藩徳川家の２代目当主。藩主として勧農・藩政の安定に努めた。中国の明《みん》朝の遺臣である朱舜水《しゅしゅんすい》を招き、学者の育成を行なう。江戸の藩邸に彰考館《しょうこうかん》（修史のための研究所）を立てて『大日本史』の編纂《へんさん》事業を行なった。それらの行ないによって、水戸学派の成立に大きな貢献をしたことでも知られる。「水戸黄門」という名は彼の役職「中納言」の別称が、後世定着したことによる。彼が文書に残した「小なることは分別せよ、大なることに驚くべからず（小さな問題に慎重に対応しなさい。大きな問題には臆《おく》することなく堂々ととり組みなさい）」という言葉は、渋沢栄一の『論語と算盤』に通じるものがある。

Column 01

ショート・コメント by 渋澤 健

「処世と信条」の読み解き

人間社会でさまざまな人々と交わりながら、私たちは生計を立てて生活している。その暮らしの世渡りが処世、そして、その行動の志になるのが信条だ。アプリとOSの関係のように、処世のためには信条が必要なのだ。

「きれいごとでは食えない」という意見ももっともである。ただ、それは二者択一の関係ではなく、「きれいごとだけでは食えない」という状態が現実なのではないだろうか。

さらにいえば、渋沢栄一が勧めている信条とは「きれいごとで食うべし」だ。なぜなら、「きれいごとだからこそ、食い続けられる」からだ。

「きれいごと」には価値があるのだ。

第２章

立志と学問

―青年と勤勉の章―

本章では若い時分の、学問の大切さや志のあり方などについて述べられている。また老年期においても、学ぶことや品性を保つことは若い頃と同様に大切である。渋沢は心も体も常に若々しくあるべきであると語っている。

007

精神を若々しく保つには学ぶべし

精神老衰の予防法

一

交換教授としてアメリカから来日したメービー博士は帰国時、日本人の勤勉さに言及した。日本では誰もが希望を持ち愉快に勉強している、前向きな気持ちが皆に備わっていると感じたというのだ。

二

その一方で、滞在中に接した官庁や企業、学校関係者に形式を重んじる傾向があると感じたともいった。彼はそれを封建《ほうけん》制度が残した弊害と解釈したが、そのとおりであろうと私も思う。

三

さらに彼は、日本人は細かいことにすぐ怒り、すぐ忘れる。感情の起伏が激しいこともあまり誉める気になれなかったと指摘した。大国の国民となるには、おおらかな心を持ち、人格形成に努めなければならないということだ。

四

馬車から自動車、飛行機と交通手段が進化したように、科学技術が発展すれば、人間の能力もさらに高めることができるだろう。死ぬまで働けるテクノロジーが開発されれば何よりのことだ。

五

私は「野蛮の老人」ではなく「文明の老人」でありたいと願っている。たとえ体は衰えても、精神の衰えは防ぎたい。それには学問が必要だ。常に新しいことを学び時代に遅れずにいれば、精神は老いないはずである。

Keyword 07

封建制度

　土地を仲立ちとして結ばれた主従関係を指す。中世ヨーロッパもこの封建制度をもとに統治され、日本では、鎌倉時代から江戸時代にかけての社会基盤となっていた。主君は封土《ほうど》として自身が所有している土地の一部を家臣に与えこれを保護し、一方の家臣は軍役《ぐんえき》を負うなどして主君に仕えた。封土には、土地だけでなくそこに住む農民も含まれ、主君も家臣も彼らに地代や税を強要し、それを収入として生活していた。中世ヨーロッパの封建制度があくまでも「双務的な契約関係」であったことに対し、日本の場合、家臣に課せられた義務が重く、また主君への忠誠心などが強く求められた。

008

信じた道を猛進して
失敗を恐れるな

大正維新の覚悟

一

中国の殷《いん》王朝の初代君主・湯王《とうおう》が、毎日使う手水《ちょうず》のタライに刻んだ言葉がある。「苟《まこと》に日に新《あら》たなり、日に日に新たにして、また日に新たなり」だ。常に積極的に新しいことをやろう、という意味がある。

二

維新とは覚悟を決め、皆が心をひとつにして前に進むものである。保守的な時代なら、なおさら奮闘努力すべきだ。明治維新以来の事業には失敗例もあるが、多くはパワーと粘り強さで発展してきた。

三

青年時代は、何かと守りに入り躊躇《ちゅうちょ》しがちな老人たちが危険を感じるぐらい精力的に活動してほしい。失敗を恐れているようではいけない。自分が正義と信じるなら、ひるまず果敢に進むべきだ。

四

失敗は自分の注意が足りなかっただけで、むしろ多くの教訓を得られるはずである。それが自信につながり、勇気がわき、ますます猛進できるだろう。やがて世の役に立つ、信頼される人間になるのだ。

五

何もしなければ日本はダメになってしまうという気構えで、なにごとも後悔しないよう臨むべきだ。他人より多少抜きん出ているぐらいでは、世の中を動かすことはできない。真の勇気と熱い心が必要なのだ。

Keyword 08

明治維新

時期については諸説あるが、一般的には1853年にペリーが浦賀に来航したところから、1867年の大政奉還《たいせいほうかん》（幕府が朝廷に統治権を返上したこと）までを指す。徳川慶喜《よしのぶ》から実権をとり上げた新政府は、明治元年となった1868年、天皇と中央拠点を京都から東京に移し、天皇を中心とした中央集権国家づくりに着手。古い身分制度は廃止され、皇族以外はすべて平等という方針のもと、平民も苗字《みょうじ》を名乗ることが許された。また、文明開化、殖産興業政策を進めると同時に、教育の振興、経済の発展により国力を強化し、軍備を整備する「富国強兵」に力を入れることで近代化が進められていった。

009

全力投入すると道は開ける

秀吉の長所と短所

一

乱世の豪傑のひとりに豊臣秀吉がいる。秀吉の長所の中で、私が特に優れていると考えるのは、彼が勤勉家だったことである。彼が稀代《きたい》の英雄になることができたのは、その勉学心のおかげだ。

二

秀吉がまだ木下藤吉郎《きのしたとうきちろう》と名乗り、織田信長に仕えていた頃、草履《ぞうり》とりをしていた彼は冬になると草履を懐に入れて暖めていた。こんな細かいところに気づく注意力は、勉強しなければ身につかない。

三

1582年、信長は「本能寺の変」で明智光秀《あけちみつひで》に自害させられる。備中《びっちゅう》（現在の岡山県西部）で知らせを聞いた秀吉は、直ちに兵を率いて光秀を討ちとった。本能寺の変から13日後のことだった。

四

どんなに機知に富み、主君の仇討《あだう》ちを固く誓ったとしても、備中から京都近くの山崎（現在の京都府中西部と大阪府北部の境）まで十数日で到着し敵を討ちとるという素早い対応は、日々勉学に励んでいなければ決してできないものだ。

五

本能寺の変から3年後の1585年、ついに秀吉は関白となった。彼が生まれつきの天才であったことは疑いようもないが、勉学の積み重ねがあったからこそ、天下統一を成し遂げられたのだ。

Keyword 09

豊臣秀吉

尾張国（現在の愛知県）の農民の子として生まれ育つ。年若くして尾張を治めていた織田家に仕え、信長の右腕として徐々に頭角を現わしていく。謀反を起こし信長を倒した明智光秀を討った後、残りの反抗勢力を平定し信長の後を継ぎ、天下統一を果たす。本格的な治世に乗り出した秀吉は、まず「刀狩令《かたながりれい》」を発し、民衆から刀や弓、槍《やり》などをとり上げることで武力を奪った。その後、「石高制《こくだかせい》」や「太閤検地《たいこうけんち》」を実施し、全国の土地の情報を掌握するなど、強権政治を行なった。「文禄《ぶんろく》・慶長《けいちょう》の役《えき》」と呼ばれる朝鮮出兵を行なうものの、これに失敗。その頃から病に伏すようになり、1598年、その生涯を閉じる。

010

目の前の仕事に全力を注げ

自ら箸を取れ

一

働きたいのに頼れる人や引き立ててくれる人がいない、と嘆く若者がいる。しかし、優れた手腕がある優秀な人材ならば、世間は放っておかずにお膳立てして待っている。箸をとるか否かは自分次第だ。

二

豊臣秀吉は低い身分から出世していって「関白」にまで昇りつめた。しかし、彼は信長にお膳立てをしてもらったわけではない。自分で箸をとって、「関白」というごちそうにありついたのだ。

三

自分はもっと大きな仕事をする人だ、という自信があっても、「大きな仕事」は「小さな仕事」の積み重ねということを忘れてはならない。だから、どんな時も目の前の仕事は誠実に勤勉にやり遂げるのだ。

四

秀吉が信長から重用されたのは、まさにそういった理由からだ。草履とりというつまらない仕事をも大切に務め、部隊を任された時にはその任を全《まっと》うし、最終的には柴田《しばた》や丹羽《にわ》と肩を並べるようになった。

五

任された仕事に対して真面目に一生懸命にとり組まない人には、名を上げたり成功したりといった運を開くことはできない。仕事をしようというのなら、自分で箸をとらねばダメなのだ。

Keyword 10

柴田と丹羽

織田信長に重用された武将である、柴田勝家《かついえ》と丹羽長秀《ながひで》のことを指す。勝家は、かつては信長の弟である信行《のぶゆき》に仕えていたがその擁立に失敗。その後は信長に仕え、織田軍随一の猛将と呼ばれるほどに活躍し、重臣として北陸の統治を任されていた。丹羽長秀は勝家と並び称される勲功の家臣で、信長の天下統一戦のほとんどに参加し、各地を転戦した。本能寺の変（1582年）で信長が討たれた後、秀吉と共に明智光秀を破る。両氏は信長亡き後の後継者問題で、別陣営に別れて対立。勝家は秀吉に対抗して賤《しず》ヶ《が》岳《たけ》の戦い（1583年）で敗れ自害。長秀は秀吉陣営に属し、北陸地方の大名となる。

011

しっかり志を立てて進路を決めろ

大立志と小立志との調和

一

孔子の立志に関し『論語』に次のような一節がある。「十有五にして学に志し、三十にして立ち、四十にして惑わず、五十にして天命を知る……」。ここから孔子の志の立て方が見てとれる。

二

最初の「学に志し」には、この先、大いに学問をしようという孔子の意気込みが込められ、「三十にして立ち」は世に立つ、つまり学問を続けたのち、社会で自立していけるだけの人物に成長したことを表わしている。

三

孔子は40歳になり、多少の外圧には屈せず、志を完遂させた。「四十にして惑わず」はそのことを表わしているのだ。つまり、15歳にして立てた志がここにきてようやく結実したといえるだろう。

四

ここから「立志」とは人生という建築の骨組みであることが読みとれる。最初にきっちり組み合わせを考えてとりかからないと、後になって骨組みが崩れ、建築そのものが壊れることにもなりかねない。

五

立志は人生の大事な出発点であり、決しておろそかにしてはいけないものだ。志を立てる際には、自分をよく知り、身の程を考え、それに応じた最適な方針を定めるべきだ。そうすれば進む道を誤ることはない。

Keyword 11

修《しゅう》身《しん》斉《せい》家《か》治《ち》国《こく》平《へい》天《てん》下《か》

『論語と算盤』の中で「三十にして立ち」の境地に至った孔子は、「修身斉家治国平天下」との確信を得たと渋沢栄一は見ている。修身斉家治国平天下とは、儒教の経書『礼記』の中の一編『大学』にある言葉で、「修身斉家」の徳があって初めて「治国平天下」の徳を持ち得るという意味を持つ。直訳すると、「身を修め、家をととのえ、国を治め、天下を平和にすること」だが、大意は、「天下を平定するには、まず自分の行ないを正しくし、家庭をととのえ、次に国家を治める」となる。学問は天下、つまり国や社会を平和にすることに役立ててこそ意味があるという孔子の考え方が表われているのだ。

012

人格は丸いだけでは品がない

君子の争いたれ

一

好んで争う必要はないが、正しい道を行こうとすれば、争いは絶対に避けられない。争いを避けて世の中を渡ろうとすれば、悪が善に勝つようなことにもなりかねず、正義が行なわれなくなる。

二

どんなに温厚な人でも、尖《とが》った部分は必要だ。あまり丸いとかえって転びやすくなる。私も決して円満なだけの人間ではない。自分が信じることを覆そうとする者が現われれば、断固として争うつもりだ。

三

年齢を問わず「これだけは譲れない」というものを持ってほしい。品性は円満になっていかねばならないが、「過ぎたるは猶《なお》及ばざるが如し」と孔子がいうように、円満過ぎると逆に品がなくなってしまう。

四

大蔵省で総務局長を務めていた頃、私はある改正法を発案した。ある日、ミスを犯した出納《すいとう》局長がその原因は私の改正法にあると怒りだし、いくら必要性を説いても聞く耳を持たなかった。

五

いい争ううちに激高した彼はついに拳を振り上げた。腕力には自信があったが、私はあえて身をかわし、「ここはお役所ですよ、やめなさい！」と一《いっ》喝《かつ》した。私にも円満ではない一面があるのだ。

Keyword 12

「過ぎたるは猶及ばざるが如し」

『論語』の先進篇に登場する言葉で、原文は「過猶不及」。孔子がふたりの弟子、子張《しちょう》（師）と子夏《しか》（商）を比較し、「水準を越した子張も水準に達しない子夏も、ともに十全（完璧）ではない。人の言行には中庸が大切である」と説いた故事が由来となっている。何ごともほどほどが肝心で、やり過ぎはやり足りないことと同様に良いこととはいえない。また、良いといわれることでも、やり過ぎは害になるということを表わしている。また『論語』の中に「君子は中庸をす。小人は中庸に反す」ともある。これは、「君子は何ごとにおいても中庸を旨とし、小人は極端な行ないをする」と行き過ぎを戒めている。

013

大小の目標を矛盾させない

大立志と小立志との調和

一

私たち凡人は志を立てる際、何かと迷うものだが、社会のムードに流されたり、周囲の事情に影響されたりして、本領ではない分野に乗り出すべきではない。それは真の「立志」とはいえない。

二

まず長所と短所をきちんと自覚し、自分がもっとも優れていると思うところに向かって志を設定すること。さらに、自分が置かれている環境でそれを実現できるかどうかの判断も必要だ。

三

どんな人でも、日々ささやかな願望は生まれてくる。「○○がほしい」「○○さんみたいになりたい」などの願いを実現したいと思うのも「立志」のひとつで、私はこれを「小さな立志」と呼んでいる。

四

生き方の根幹となる志を立てたら、枝葉になる「小さな立志」を叶《かな》えるための努力が必要だ。日常的にわき上がる期待や願望を叶えるためには何をすべきかを、常に考えるよう努めたい。

五

さらに、小さな立志が、「大きな立志」の邪魔をするようなことがあってはいけない。小さな立志はちょっとしたことで変わりやすいため、それによって大きな立志がぶれないよう注意が必要だ。

Keyword 13

志を学ぶ

渋沢栄一と同じように「立志」の重要性について説いた人物に、幕末の立役者であり、教育者としても名高い吉田松陰《よしだしょういん》がいる。長州《ちょうしゅう》（現在の山口県）に生まれた吉田は、高杉晋作《たかすぎしんさく》や伊藤博文《いとうひろぶみ》など多くの門人を育てた。吉田は身分の差がなく、誰もが学ぶことができる「松下村塾《しょうかそんじゅく》」で若者の指導にあたっていたが、入塾を希望する者には必ず「何のために学ぶのか」と質問した。知識を得るためと答えた者には、ここでの真の目的は、塾生同士が学ぶことで前進し、自身の使命を達することであると諭《さと》したという。つまり、松下村塾では、学びを通して「志」を見つけ、それを実行することの大切さを指導していたのだった。

Column 02

ショート・コメント by 渋澤 健

「立志と学問」の読み解き

自分が「やりたいこと」が「立志」だ。そして自分が「できることを養う」のが「学問」。

自分が「やりたいこと」が「できること」はベストな状態といえるだろう。

ただ、「できること」が人生の主軸になることは好ましい状態ではないことは覚えておいてほしい。自分が「できない」ことがあまりにも多くて、尻込みしてしまうからだ。

成功者は「やりたいこと」を主軸にしている。そのため、自分自身の長所・短所を冷静に認識し、もっとも長ずるところに志すべきと渋沢栄一は指摘した。立志のためには主体性が不可欠で、その学びのためにロールモデルが必要となるのだ。

第3章

常識と習慣

―人間と人格の章―

渋沢の理想とする「常識」のある人とは、どのような人物か？　それは「智情意」の3つが備わっている人である。この「智情意」を、第3章では詳しく解説。そして、習慣の重要さについても触れられている。

014

才能の多くは常識が土台

常識とはいかなるものか

一

常識とはすべてが中庸にかない、「智」「情」「意」の3つがバランスよく平等に発達したもの。それがあってこそ有意義な社会生活が送れるのだ。まず、「智」はどのような働きをするものか。

二

不十分な「智」は判断能力を低下させる。しかし宋の儒学者、程顥《ていこう》、程《てい》頤《い》、朱子らは知恵を働かせ過ぎれば、欺瞞《ぎまん》や詐術《さじゅつ》に流れやすく、また仁義や道徳（モラル）から遠ざかるとし「智」を嫌った。

三

自分だけのために学問を身につけ悪事に手をつけなければよいということではない。また、「智」ばかり秀《ひい》でて、情愛の薄い人間も困りものだ。「智」にはほどよく「情」を加える必要がある。

四

なにごとも円満な解決に導いてくれる「情」は、一種の緩和剤であるが、揺れやすいという欠点がある。人の喜・怒・哀・楽・愛・悪・欲という「七情」の変化を制御する意志を持たなければ、感情に流されてしまう。

五

揺れやすい「情」を抑制するのは意志だ。「意」は精神の働きの根源であるが、主張し過ぎれば単なる頑固者とみなされる。強固な意志に智恵が加わり、情愛があって初めて完全な「常識」となる。

Keyword 14

朱子

中国、南宋《なんそう》（12～13世紀）の時代に朱子学という学問を確立した儒学者。朱子は尊称で本名は朱熹《しゅき》という。中国の官吏採用試験である科挙《かきょ》に合格する優秀な人物であったが、当時彼が唱える新思想は受け入れらなかった。朱子は「虚霊不昧《きょれいふまい》（心は目に見えないが鏡のように万物を映し出す）」「寂然不動《じゃくねんふどう》（静かで何事にも動じない）」などの説を通して「仁義忠孝」を説き、「智」は詐術に走るものだとして、決して受け入れなかった。日本に渡った朱子学は、江戸幕府の封建的身分社会の体系を作り出したといわれる。また、朝鮮半島にも伝えられ、朝鮮の儒教に大きな影響を与えた。

015

嫌いな人こそ美点を探せ

悪《にく》んでその美を知れ

一

実業界に入って以来、多くの人が私に接触してきた。たとえその人たちが自分の利益だけを目的にしたとしても、結果が国家や社会のためになるなら、私は彼らの目的を達成させてやりたいと思う。

二

なかには非道理な要求をしてくる人もいる。見ず知らずの人から生活費を貸してくれ、学費の補助を願いたい、商売を始めるための資金を出してほしいという内容の手紙が月に何十通も舞い込む。

三

封筒に私の宛名がある以上、それを読む義務があると考えているので、必ず目を通す。時には要求を伝えに自宅に来る人もいるが、会わないわけにはいかないので、直接、非道理を説いて断わるようにする。

四

手紙を読まなかったり、面会を断わったりするのは私の主義に反することだ。だから、雑事が増えれば、わずかな時間もなくなると理解しながら、自分の主義のため余計な手間をかけているのだ。

五

自分の見る目がなかったと思うこともあるが、悪人が悪人のまま終わるわけではない。決して相手を憎まず、できるなら善に導いてやりたいと考えて、悪人と知りつつ世話をすることもある。

Keyword 15

国家と社会のために

渋沢は自身の富の構築や子孫の繁栄は二の次にし、社会と国家のために尽くすことを第一の目的にしていた。そのため、業務内容に問題がないと判断すれば、支援の手を差し伸べてきたのだ。そして、それは商工業者だけに限った話ではなく、他業種にかかわる人間に対しても同じ主義を貫いていた。たとえば新聞や雑誌記者に取材を申し込まれた際、「自分の話など値打ちがない」と思ったとしても、それを載せることで、いくらかでも記事の価値がアップし、さらに社会の利益につながるのであれば、どんなに忙しくても時間を割き、対応したという。面会者を断わらない渋沢の一面を表わすエピソードだ。

016

良い習慣は感染し広まる

習慣の感染性と伝播力《でんぱりょく》

一

習慣は心にも行動にも影響する。悪い習慣を持つ人は悪人に、良い習慣を身につければ善人になるように、最終的には人格にもかかわってくる。良い習慣を身につけるのは生きるうえで大切なのだ。

二

人は他人の習慣を真似《まね》したがる。そのため習慣は感染していく。悪い習慣も同様なので、大いに警戒しなければならない。新聞の新しい言葉に違和感を覚えながらも使うようになるのはその一例だ。

三

良い習慣は子ども時代が肝心だ。私は少年時代に読んだ経書も歴史書もよく憶えている。若い頭脳で覚えたことはいつまでも頭に残るように、幼い頃から青年期にかけては習慣が身につきやすい。

四

私は、青年時代の勝手気ままな生活が習慣となり苦労した。しかし、直したいと強く願ったため大部分は矯正できた。老年を迎えても、努力すれば習慣を改めることは十分可能だと思っている。

五

習慣は無意識のうちに出来上がるものなので、非日常的なできごとに直面すれば変えられる。なぜなら、習慣は些細《ささい》なことだと軽んじやすく、それがわがままにつながっているからだ。

Keyword 16

経書

中国古代の聖人の教えを記した書物のこと。「経」は織の縦糸を意味し、布に縦糸があるように聖人が著した書は古今を通じて変わらない天地の大経であるとし、「経書」と称した。よく知られるものに『易経』『詩経』『書経』『礼記』『春秋』から成る五経（P.15参照）がある。その他に『大学』は孔子が語ったことを終始一貫した一篇の文章にしたものであることから、孔子の遺書とも称されている。時代により『孝経』『論語』『孟子《もうし》』などが加えられることもあった。五経の中には人間が生きるうえで必要な道理はすべて含まれているとされ、経書の解釈を研究する学問を「経学《けいがく》」という。

017

平凡な常識人こそ一番だ

偉き人と完《まった》き人

一

人間として備えるべき性質のすべてに欠陥があったとしても、「偉い人」はそれを補って余りあるほどの超絶した能力を持っている。しかし、「欠点のない人」と比べ「変人」扱いされることもある。

二

対して「欠点のない人」とは智・情・意の3つを十分に備えた、つまり「常識の人」である。もちろん私は「偉い人」の出現を願うが、大多数の社会人に対しては「常識の人」であることを希望する。

三

何故ならば、「偉い人」が力を活《い》かせる場は限られるが、「欠点のない人」は世の中のどんな場面でも必要とされるからだ。整備された社会のシステムのなかでは、大勢の常識を備えた人が働いていれば何の不足もない。

四

人と違うことをしたがる青年時代期に、平凡な常識を養え、「欠点のない人」になれといわれては、苦痛を感じ、真っ向から対立したくなるだろう。これは若者に共通する性質である。

五

実際の社会に目を向ければ、政界でも実業界でも、深い学識より、むしろ健全な常識を持った人が支配していることに気づくだろう。常識がどれほど偉大なものかが分かるはずである。

Keyword 17

若き日の渋沢栄一

「尊王攘夷《そんのうじょうい》」思想の影響を受けた渋沢は、「高崎城乗っとり」を計画するなどして、役人から目をつけられていた。江戸の海保漁村《かいほぎょそん》（儒学者）の塾と千葉道場に出入りする友人の紹介で出会った一橋慶喜《ひとつばしよしのぶ》の家臣・平岡円四郎《ひらおかえんしろう》から「一橋家の家来になり幕府の迫害から逃れるか、牢屋で死ぬか」と迫られ、結果、渋沢は一橋家に仕えることになる。その後は有能な人材選びや領内貿易の合理化、藩札《はんさつ》の流通化など次々と手腕を発揮し、頭角を現わしていく。やがて慶喜が第15代将軍に任命される。数年前には倒幕側だった自分が、幕府の一員になることに渋沢は「国の発展に努めるという目的に沿っていれば、手段は問わない」といい、これを受け入れたという。

018

人は志と所作で判断せよ

動機と結果

一

いかに所作《しょさ》が素晴らしくても、誠意のない人とは席を共にしたくない。ただし、神ではない人間に他人の志を見抜くことは難しく、その善悪にかかわらず所作のうまい人に利用されることもあるだろう。

二

陽明学では「知行合一《ちこうごういつ》」などといい、志が善なら行為も善、行為が悪なら志も悪と考えるわけだが、私のような素人《しろうと》は、志が善でも所作が悪になることもあるし、その逆もあり得ると考えるのだ。

三

イギリスの倫理学者・ミュアヘッドは「動機さえ善なら、結果は悪でもよい」と動機説を唱えた。たとえばクロムウェルが英国を救うため、暗愚な君主を処刑し、自《みずか》ら皇帝の位に就《つ》いたのは、倫理上悪ではないとしている。

四

ドイツの哲学者・パウルゼンは、動機（志）と結果（所作）の量や質をじっくり比較すべきだという。その真理は分からないが、私にはミュアヘッドの説より確かなように感じられる。

五

私の面会者への対応も、自分の義務と考え丁寧にするのと、頼まれたからと渋々会うのとでは、志は同じでも所作に差が出る。人の行為の善悪は、志と所作の量や質を見比べたうえで考えるべきだ。

Keyword 18

クロムウェルの清教徒革命

1642年、チャールズ1世の専制政治に反対したオリバー・クロムウェルら議会派が宗教的自由を求めて立ち上がった市民革命。独立派や長老派などの清教徒（ピューリタン）が中心勢力だったことから、この名がついた。「ピューリタン革命」とも呼ばれる。1649年、クロムウェルはチャールズ1世を処刑し、王政と上院を廃した共和国を樹立した。その後、彼は護国卿《ごこくきょう》の地位に就き、政権を握る。チャールズ1世の弾圧から逃れるための革命だったはずが、クロムウェル自身が厳しいピューリタニズムに基づく独裁政治を行ない、民心は徐々に離れていった。クロムウェルの死去から2年後、1660年に王政復古が実現した。

019

何歳になっても勉強をするべし

人生は努力にあり

一

老年、青年にかかわらず向学心を失えば進歩も成長も望めない。私は毎朝7時前に起床し来訪者と面会する。どれだけ多くの人が訪れても、時間の許す限り会うようにしている。

二

怠惰《たいだ》からは何も生まれない。座っているのが楽だからと長時間座っていれば、膝が痛くなり、さらに楽を求め寝転んでいたら腰が痛くなる。怠けていれば、それがどんどんエスカレートしていく。

三

怠惰を防ぐには勤勉と努力を習慣化することだ。どれだけ智力があろうと、働かさなければ意味がない。それには勉強が必要だが、一時的なものでは意味がなく、生涯続けてこそ十分学んだといえるのである。

四

学問があればすぐに成功できるわけではない。孔子の弟子・子路《しろ》がいった「口ばかりで実行しないのはダメだ」という言葉が私は好きだ。机に向かって本を読むことだけが学問ではないのだ。

五

大切なのは日々の暮らしだ。医者が患者に、普段から健康に気をつけるようというのと同様に、私はすべての人に「不断の勉強」を望み、ものごとに対する日頃の注意を怠らないよう心掛けてほしいと思う。

Keyword 19

子路

子路は孔子の弟子のひとり。正義感が強く、血気盛んなところもあり、時に孔子に食ってかかることもあったという人物だ。『論語』には孔子と子路のやりとりがある。子路は、「人々がいてお社《やしろ》があるような環境であれば現実から学べる、どうして書物を読むことだけが学ぶといえるのでしょう」と問いかけ、それ対し孔子は、「だから私は、弁の立つ者は嫌いなのだ」と返したという。しかし孔子はそんな子路の率直さを認め、戒《いまし》める言葉にはいつも愛情が溢《あふ》れていたとも伝えられている。孔子から軍事を切り盛りする力があると高く評価された子路だが、近隣国の内乱に巻き込まれ命を落としてしまう。

Column 03

ショート・コメント by 渋澤 健

「常識と習慣」の読み解き

失った自分の常識をとり戻すためには「智」「情」「意」という三者の助っ人が必要となる。これは洋画の名作である「オズの魔法使い」で、カンザスの家に帰りたい主役のドロシーを助けたカカシ、ブリキの木こり、臆病なライオンの冒険でも描かれていることだ。

「智」「情」「意」が構成する常識とは、時代を超える、東西を超える、人間の普遍性だ。そういう意味では「組織の常識」などは、じつは「習慣」だけなのかもしれない。

同じことを繰り返すと脳内ではシナプスがつながる。特に考えなくてもすることを習慣と呼ぶのだ。常識を習慣にできるように心掛けておこう。

第4章

仁義と富貴

―お金と社会の章―

孔子は利益を尊ばなかったのか？　第4章で渋沢はそのような誤解について、孔子の唱える富を考え直している。また、事業で得た利益を社会に還す際、ただ単に資金を投じればよいのではない、ということにも触れている。

020

お金持ちは人格が求められる

真正《しんせい》の利殖法

一

世の中のビジネスが「利益の拡大」を目標にしていることは間違っていない。利益拡大には「財産を増やす」という効果があり、それがなければ、ビジネスには何の意味も公益性もないということになる。

二

本物の「利益の拡大」は仁義・道徳に基づくべきで、そうでなければ絶対に長続きはしない。私利私欲を求め働くことを責めはしないが、そこでも仁義・道徳に欠ければビジネスは衰退していく。

三

仁義・道徳を忘れ、自分さえよければいいと考えるのは、たとえば、駅の改札に我先にと大勢が押しかけ、結局誰も通れず共倒れになるようなものだ。そう考えれば、利己主義は間違いだと分かるだろう。

四

仁義・道徳は時に空理空論に陥ることがあり、そうなれば国の活力を低下させ、生産力も削《そ》ぐ。ついには国を滅ぼしかねないので、「仁義や道徳も使い方を誤ると国を滅ぼす」と肝《きも》に銘じるべきだ。

五

事業を発展させたい、利益を拡大したいという欲望は誰もが常に持つべきである。私はいつもそう望んでいる。ただし、その欲望は「道理」によって常にコントロールされなければならないのだ。

Keyword 20

日本の商業を支えたふたり

アメリカの経営学者、ピーター・F・ドラッカーは、近代日本の製造業に大きく貢献した人物として、渋沢栄一と三菱財閥の創設者である岩崎弥太郎《いわさきやたろう》のふたりを挙げている。明治の日本経済を代表するふたりの実業家は、経営に関し異なる信念のもとそれぞれ事業を展開していたが、ある時、正面からぶつかり合うことになった。それが海運業をめぐる熾烈《しれつ》な闘いだ。岩崎率いる郵便汽船三菱会社は明治の初めから日本の海運業を独占。用船料の緩和には競合が必要と考えた渋沢は、政府高官の井上馨《いのうえかおる》らに働きかけ共同運輸会社を設立。郵便汽船三菱会社と壮絶なビジネス戦争を繰り広げたのち、両社は合併し日本郵船を設立した。

021

孔子はお金儲けを否定していない

孔子の貨殖富貴観

一

多くの儒学者が孔子の説を誤解し、なかでも甚だしいのが「富貴」の概念と「利殖」の思想の関係だ。彼らの解釈によれば「富貴・利殖」と「仁義・王道」は相容《い》れないものとされている。

二

孔子は、富と地位を求める人は仁義・王道の心は持たない。だから、品性高い人になりたければ富と地位のことは忘れろといったのだ。『論語』をくまなく探しても、そうした言葉はどこにもない。

三

孔子の『論語』には、「富と地位は誰もが求めるものだが、正しい方法で得たものでなければ身につかない。貧乏は誰もが避けたいが、正しい方法を選べば、それすら避けられる」とある。

四

孔子がいった、「正しい方法で得たものでなければ」という前提がもっとも大事だ。「道理に反する富を得るくらいなら、むしろ貧乏なほうがよい。正しい道理を踏んで得た富なら恥じることはない」と説いている。

五

正しい道(方法)を踏む、ということがすべての前提であり、道理にかなわない道を選んでまで富を得るくらいなら、むしろ貧乏でいるほうがよいと孔子はいっているのだ。好んで貧乏になれということではない。

Keyword 21

「君子は義に喩《さと》り
小人《しょうじん》は利に喩る」

『論語』の中で孔子が「富貴・利殖」と「仁義・道徳」の関係について説いた言葉。優れた人は行動する際、あらゆるものごとが正しい道にかなっているかどうかを基準とするが、教養や道徳心に欠ける人間は、どうしたら利益を得られるかを基準に考えて行動してしまうものである。そうした「自分だけがよければいい」という自己中心的な考え方は改めるべきであり、利だけがすべてではないということを孔子は説いている。ただしここでも孔子は、利益を得ることがいけないといって、富を否定しているわけではない。目先の利益に惑わされてものごとを判断した結果、道義にはずれてしまうことを戒《いまし》めているのだ。

022

個人の稼ぎは社会に還元すべき

防貧の第一要義

一

財産を築くために、どれだけ大変な苦労をしようが、その富が自分だけの功績だと思ったら大間違いである。なぜなら、人はたったひとりでは何ひとつ成し遂げられないからだ。

二

国や社会の支援があるからこそ、人は利益を得て、安全に生活できる。その助けがなければ、満足に生きていくこともできない。つまり、富を持つ人ほど、社会の支援を多く受けているといえるだろう。

三

国や社会の恩恵に報《むく》いるため、事業で得た利益を貧困層の救済にあてることは、富を持つ人の義務である。できる限り社会のために力を尽くすべきである、と私は考えている。

四

救済する際には注意が必要だ。安直に資金を投じ、浮浪者が何の努力もせず、ある日突然富豪になった、というようなやり方は、かえってその人を堕落させてしまう。これでは慈善とはいえないだろう。

五

自らの力で貧しさから脱却できるようなサポートを心掛けると同時に、気まぐれや見栄から行なう慈善事業は不誠実で、悪人を作りかねないということを、富める者はしっかり心に留めるべきである。

Keyword 22

東京養育院

実業界を退《しりぞ》いた渋沢が約50年にわたり力を注いだ日本で最初の公立救貧施設。明治新政府が、維新の混乱による困窮者救済のため、老人と幼児240名を収容したのが同院の始まり。その後も東京養育院は身寄りのない子どもや老人、路上生活者らの救済にあたった。渋沢は1874年から同院の運営に携わり、1876年に養育院事務長に任命される。1890年に同院が東京市営になると同時に、渋沢は院長に就任した。以来、91歳で亡くなるまでの約50年間、院長として務め、途中、養育院廃止の逆風などがありながらも存続に力を尽くし、分院や専門施設を開設するなどして社会福祉に貢献した。

023

「義理合一」を信念とせよ

義理合一の信念を確立せよ

一

古くから伝えられる「仁をなせばすなわち富まず。富めばすなわち仁ならず」「利につけば仁に遠ざかり、義によれば利を失う」という言葉。これは仁と富は別ものとする誤った解釈である。

二

誤った解釈が広まることで、仁義・道徳は悟りを開いた仙人のような人が追求するもので、富を求める人には無関係だと捉える人を増やしてしまった。これは孔子や孟子《もうし》の精神では決してはない。

三

自分さえ儲かれば、他人はどうでもよいという考えが広まれば、人は強奪にも似た方法で利益を得ようとするかもしれない。その結果、貧富の差はどんどん広がっていくだろう。

四

もし実業家たちが他人も世間もどうなろうと、利益を得ることだけに夢中になったらどうなるか。社会がますます不健全化することはいうまでもなく、憎むべき危険思想も蔓延《まんえん》してくるに違いない。

五

富を得ながら仁義を貫く例は、世の中にいくつも存在している。「義理合一」、つまり、仁義と富は根本から合一しているものであるという考えを、ただちに根付かさなければならない。

Keyword 23

孟子

中国、戦国時代の思想家。孔子の没後、約100年後に生まれ、孔子から直接指導を受けてはいないが、自らを「孔子の後継者」と自覚していたという。孟子が生きた戦国時代は、さまざまな思想が入り乱れ、儒教の影響は薄れていたともいわれている。そこで、孟子は孔子の思想をさらに発展させ、体系的な国家統治論を作り上げた。人間の本性を善とする「性善説」に立ち、孔子の「仁」の徳に基づく「徳治《とくち》主義」を説いた。晩年は孔子同様、著述と弟子の教育に専念した。弟子らと交わした問答をまとめた書物『孟子』の思想は宋代の朱子学によって高い評価を受け、のちに『論語』と並ぶ儒教の代名詞となった。

024

よく稼いで、よく使え

能《よ》く集め能く散ぜよ

一

貨幣は便利なものだ。何にでも変えられ、分割が可能、さらにものの価値を計るという機能を持つ。貨幣はものの代表であるため、ものを大事にするように貨幣、つまりお金を大事にすべきだ。

二

お金は社会的な権力の象徴でもある。しかし、手元に置いておくだけでは意味がなく、優れた人は、たくさん儲けたら正しく使い、経済社会の発展を促すことも心掛けるべきだ。

三

財産運用が上手な人は、「よく集める」と同時に「よく使う」ことにも長けていなければいけない。「よく使う」とは正当に支出することを意味し、お金を善用することにつながる。

四

善用できればお金は貴いものになり、間違った方向に使われれば、社会の悪事に手を貸すことにもつながりかねない。善用されるか、悪用されるかは持ち主の人格にかかわってくるのだ。

五

世の中には「大事にする」という意味を曲解し、むやみにお金を貯め込む人がいる。浪費家にも守銭奴にもならないよう、若者は「よく集め、よく使う」ことを知り、それを実践すべきである。

Keyword 24

「貨幣制度」の整備

渋沢が大蔵省に入省した頃、造幣局の建設工事が始まるなど、日本の貨幣制度は急ピッチで整えられていった。1871（明治4）年、「新貨条例」が制定され、金本位制《きんほんいせい》のもとで「円」が誕生。その後、金貨、銀貨、銅貨が発行された。第一次世界大戦時に欧州各国が金の輸出を停止したことを受け、日本も金本位制を停止。1938年、「臨時通貨法」が公布され、金貨幣に代わる補助貨幣の製造が始まった。1987（昭和62）年、日本における通貨の額面価格の単位等について定めるとともに、貨幣の製造及び発行、貨幣の種類等に関して必要な事項を定めた法律「通貨の単位及び貨幣の発行等に関する法律」が制定された。

Column 04

ショート・コメント by 渋澤 健

「仁義と富貴」の読み解き

仁は儒教の五徳で「ふたり」の間の関係であり、義は「王を支える我」と読むことができる。したがって、ふたりの関係の思いやりを社会へ広めることが「仁義」であると解釈できる。

富貴の立場にいる人は公のために務めるべき。西洋的にいえば、「ノブレス・オブリージュ」だ。

ただ現代社会に必要な「モラル・エコノミー」とは、特権階級の富の分配を税法などによって強制される状態ではないだろう。

良い社会のためには、安定した社会によって恩恵を被っている大勢が、自発的に、それぞれができる範囲で、利他の意識を持って行動することが要《かなめ》なのだ。

第５章

理想と迷信

—若者と仕事の章—

商売人は未来に対する希望、道理ある信念を持つべきである。与えられた仕事を機械のようにこなすのではなく、理想を持って情熱的にとり組んでほしいと渋沢は語る。本章では、このような将来の心掛けを述べている。

025

ビジネスに必要なのは信用である

道理ある希望を持て

一

どんなことがあっても、人は未来に対し理想を持つべきである。思いどおりにならないことがあっても、信念に基づき考えをめぐらせ、丁寧に対処すれば、過ちは減らせるはずである。

二

日本人は、「道理ある希望を持ち活発に働く国民」と評されていると聞き、私は大変嬉《うれ》しく思う。知人のアメリカ人からも、「日本人は皆が希望を胸に生き生きと勉強している」といわれたことがある。

三

学ぶことが国家に繁栄をもたらし、学ぶことによって誰もが幸せになってほしい。時局がどうなるにせよ、ビジネスマンはこうした希望や願いを持つべきであり、それが事業を行なううえでの最良な判断につながる。

四

たとえ非常事態に直面しても、経営判断をするうえで、貫くべきは「商業道徳」だ。いい換えれば、「信」である。この一文字を守ることができなければ、実業界の土台は崩れてしまう。

五

誰もが商業道徳を貫くことで、日本の実業界はますます発展し、実業家の人格も磨かれるに違いない。変化が大きい時にこそ、これを心に留めれば、どんな時も最良の選択ができるはずだ。

Keyword 25

戦争特需

明治が終わりに近づく頃、渋沢は各所で精力的に講演を行なうようになった。表舞台に立ちはじめた理由はいくつか語られているが、ひとつには「戦争特需」、いわゆる戦争が原因で発生した特需景気の影響があるといわれている。当時の日本は日露戦争に勝利し喜びに沸いていた。戦争特需の恩恵に与《あずか》り、一攫千金《いっかくせんきん》を実現した者も多かったという。渋沢の教えを曲解し、「金さえ儲かれば何をしてもよいのだ」という拝金主義者が多く出現したのもこの頃だった。これは渋沢にとって、まさしく非常事態といえるもの。そうした利益優先主義の人々を黙って見ていることはできなかったのだろう。

026

どんな仕事でも熱意を持って

この熱誠を要す

一

何ごとにも趣味を持ち対処すべきだ。「趣味」とは、「好み」や「楽しみ」、あるいは「理想」「欲求」ともいい換えられる。つまり、目の前のことに興味を持ち理想を掲げとり組むことを意味する。

二

趣味を持てば、この仕事はこうしてみたい、こうすればもっと良くなるだろうと、興味や理想を持ち進められるだろう。そうでなければ、単に与えられた職務をこなしていくだけになってしまう。

三

いわれたとおりに動くだけでは心のない、単に形だけの人間が存在することになる。まるで機械のようだ。意思を持った存在でありたいと願うなら、「趣味」の力を大いにわき立たせるべきなのだ。

四

仕事をする際にも、命じられたことをマニュアルどおりにこなすのではなく、与えられた業務に対し「趣味」を持ち、力を注いでほしい。そうすれば、叶えられる理想や願いもきっとある。

五

孔子は「之《これ》を知る者は之を好む者に如《し》かず、之を好む者は之を楽しむ者に如かず」といった。知る者より好む者、好む者より楽しむ者が勝ち、という意味だが、これこそ「趣味」の境地だろう。

Keyword 26

「之を知る者は之を好む者に如かず、之を好む者は之を楽しむ者に如かず」

この言葉を通して、孔子が伝えたかったことをさらに詳しく紹介する。意味としては、「学問において、知識を知っている人間は勉強をすることが好きな人間には及ばず、勉強をすることが好きな人間は勉強を楽しんでいる人間には及ばない」ということだ。これは学問以外にも通じる言葉で、何ごとにおいても、どれだけ豊富な知識を持っていようが、それをすること自体を楽しんでいる人にはかなわないということなのだ。「好きこそものの上手なれ」ということわざがあるが、孔子はさらにその上があるといっている。ものごとの上達について真理をついた言葉といえるだろう。

027

科学が進歩しても
モラルは不変

道徳は進化すべきか

一

道徳（＝モラル）は文明が進むにつれ進化するものなのか。「道徳」という言葉は、中国古代、伝説上の時代の「王者の道」という意味が語源といわれる。それだけ道徳の起源は古いものなのだ。

二

ダーウィンが唱えたように、世の中の生物も自然も、古いものはすべて進化していくというのなら、古くから世に伝わる道徳も、科学の発展や生物の進化に伴い、進化してもよいのではないだろうか。

三

進化論は多くの生物の進化について説明するための学説だが、研究を重ねれば、生物だけに限らず、さまざまなものが時の流れとともに変化する、いや、むしろ前進するというべきであろう。

四

どれだけ科学が進歩し、人々が豊かな知識を身につけようが、「道徳」という観念は、東洋人の中に存在し続けている。西洋でも、数千年前の学者や聖者、賢者の考えが変わらず伝えられているようだ。

五

環境変化に対応するため生物は進化し、便利さを求め科学技術は進歩するが、道徳の基本は不変である。科学の進歩によってものごとが変化するようには、道徳は変わらないと思うのだ。

Keyword 27

進化論

地球上で生物が誕生して以来、それぞれの種は長い時間経過の中で環境に適応しながら自然淘汰《とうた》を経て進化してきたとする学説。こうした生物の進化に対する考えは、紀元前から存在していた。近代的な進化論の芽生えはフランスの動物学者、J・ラマルクが著した『動物哲学』の進化思想にあり、イギリスの動物学者であるC・ダーウィンの『種の起源』によって不動の学説として確立された。「進化論」といえば、今ではダーウィン説を指すほど広く世の中に認識されている。しかし、さまざまな異説も存在し、「創造論」を信じるキリスト教徒やイスラム教徒のなかには「進化論」に強く反発する人もいる。

028

人生観はA面、B面あるもの

人生観の両面

一

この世に存在する以上、人は必ず何らかの目的を持つべきだ。そう聞いて、特技や技術を発揮し力を尽くそう、社会が少しでも良くなるよう貢献し、親孝行もしようと考える人もいるだろう。

二

思いを形にするため、自分のことは後回しにし、社会や両親のために尽力し、心を砕く人がいる。つまり、社会や両親がメインで、自分はサブ。私はこれを「客観的人生観」を持つ人と呼んでいる。

三

自分のことだけを考える「主観的人生観」を持つ人もいる。しかし、そういった「他人のために自分を犠牲にするのはおかしい」という考えの人だけになれば、世の中は殺伐とし、やがて衰退していくのではないか。

四

一方、「客観的人生観」主義の人が増えれば、理想的な国家や社会が実現するだろう。孔子の教えに、「仁者《じんしゃ》は己《おの》れ立たんと欲して先ず人を立て、己れ達せんと欲して先ず人を達す」というものがある。

五

孔子の真意は、自分は我慢して人に譲るべき、という卑屈なものではない。「君子の行動順序はこうあるべき」と説き、生きるうえの覚悟を表わしているのだ。私もこれこそが人生の意義だと思っている。

Keyword 28

子貢《しこう》への教え

顔回《がんかい》と子路《しろ》とともに、孔子の高弟に数えられるひとり。その子貢から「仁」について尋ねられた際に孔子がいったのが、「仁者は己れ立たんと欲して先ず人を立て、己れ達せんと欲して先ず人を達す」だったという。「自分の名誉を大切に思うなら、まず他人の名誉を重んずる。自分が叶えたい願望があるなら、まず他人の願望を重んずる、これが仁である」。他者に先んじて他者を愛し敬うことができてこそ、その人間は仁者であるといえるのだ。それが子貢への孔子の答えだった。こうして孔子は相手や質問に合わせて「仁」の教えを説いていた。この言葉を通して孔子は、子貢に自己修養の道を説いたとされている。

029

型にとらわれるな

日新《あらた》なるを要す

一

社会は月日を経るごとに進歩しているように見えるが、私たちの周りはそうではない。型どおりの日常を続けるうちに弊害が生まれ、長所が短所になり、利害が害悪になることを避けられずにいる。

二

前にも紹介したが、中国・殷王朝の湯王の言葉に、「日々新たにして、また日に新たなり」というものがある。毎日新たな気持ちで迎えるのは面白い。何ごとも形式化すると精神が萎《な》えてしまうものだ。

三

政治の世界に目を向ければ、役人は形式ばかり気にしてものごとの本質から目を背け、課せられた仕事を機械的にこなしているだけだ。政界に限らず、民間企業にも銀行にも、同じような風潮が吹き荒れている。

四

形式主義は活気溢れる新興国には少なく、長年の因習が染みついた古い国に多い。鎌倉、室町、江戸と幕府が倒れた理由もここにある。つまり、幕府を崩壊させたのは幕府自身だったのだ。

五

明治維新の頃まで、上流階級の人間は金儲けにかかわらず、身分の低い者がすればよいとされていた。今もその意識はわずかに残る。利殖と道徳とは一致しないという古い考えは直ちに一掃すべきだ。

Keyword 29

殷王朝

紀元前17世紀頃から紀元前11世紀半ばにかけて、現在の中国の黄河《こうが》中流域を支配していた、考古学的に実在が確認されている中国最古の王朝である。政治体制は氏族を中心とする神権国家で、農事、国事のすべてについて神意を占い、それに基づき王が万事を決定していた。初代の王である湯王は、殷以前に存在したといわれる王朝、夏《か》の桀王《けつおう》を倒し、殷を建国した。文献によれば、桀王が残虐で暴政を敷いていたのに対し、湯王は才知があり、道理に通じていた賢王であったという。善政を行ない、異民族も心服させたといわれている。夏の属国を次々と滅ぼし、領土をどんどん拡大させていった。

030

強さと豊かさの
バランスをとれ

真正なる文明

一

国体や制度、設備や教育制度が整っているからといって一概に「文明国」とは呼べない。そのうえ国をきちんと維持して活動していくだけの「実力」が伴わなければいけないからだ。

二

実力とは、軍事力や警察、地方自治体などのことを指す。これらが十分に備わり、相互にバランス良く調和しており、きちんと連携・統一ができている状態こそが、「文明国」といえるだろう。

三

それには、運営する人々の知能や能力が十分でなければならない。加えて一般国民の人格・知能が伴わなければ、設備が整っていようと「文明国」にはなれないのだ。ただ、形式だけ文明で実力が貧弱な状態もある。

四

現在の日本は天皇制。その制度や施設は優れているが、豊かさという面では遅れているといわざるを得ない。しかし、国のメンツや将来の繁栄のためには軍事力も大きくしなければならない。

五

だから、「真の文明国」になるには、軍事力と経済力を兼ね備えたうえで、両者のバランスをとらねばならないのだ。現在は国のシステムを整えるあまり、経済力をないがしろにしているようで心配に思う。

Keyword 30

天皇制

明治時代から第二次世界大戦まで明治憲法下での日本で行なわれた、天皇を君主として頂点に置き、政治的・精神的な最高権威とした統治システム。開国後、多くの先進国からの脅威にさらされた日本において、中央集権的な国家の形成が急務とされた時に、その権力の頂点として見いだされたことに始まる。版籍奉還《はんせきほうかん》（藩主が土地と人民を朝廷に返上したこと）や大日本帝国憲法の制定、教育勅語《きょういくちょくご》（P.241参照）の発布などにより、その体制は強化されていった。広義でいうと、飛鳥時代後期に始まる律令制の下での古代天皇制、南北朝以降の権威としてのみ機能した中世的天皇制なども含まれる。

Column 05

ショート・コメント by 渋澤 健

「理想と迷信」の読み解き

客観性の「理」と主観性の「想」を合わせることこそが理想だ。一方、「迷っている信」が迷信。理想・迷信をアクセル・ブレーキという関係で考えれば、希望・束縛、持続可能性・現状維持などのさまざまな組み合わせがある。

未来・過去という組み合わせから読みとれるのは、過去の理想が現在の迷信になっているかもしれないということだ。

渋沢栄一は形式だけでは精神が乏しくなると警告を鳴らし、日々新たな心掛けが大切であると訴えている。そのために、知ることは大前提であるが、好むことで動きが生じ、楽しむことで進み続けることを忘れてはいけないのだ。

第6章

人格と修養

―知性と学問の章―

人の評価はどこに求められるべきか？　大いなる富を築き上げた者か、功名を成し遂げた者か。「真に人格のある人とはどんな人か」「正しい修養とは何か」についてが、この章でまとめられている。

031

人の評価は社会への貢献で

人格の標準はいかん

一

世の中には多くの人がいる。富める人や貧しい人、身分の高い人や低い人など、じつにさまざまだ。たとえそこに格の違いが存在するとしても、それをもとに容易に人間の価値を定めることなどできない。

二

人間は誰も同じである、という説には一理ある。また、ひとりひとりすべて違う、という説も納得できる。人間の本当の価値を決める際には、両者の意見をじっくり検討しなければならない。

三

人格を磨き知恵を身につけ、さらに社会に貢献ができて初めて人は評価されるべきだ。「富」だけが価値基準なら、間違いなく孔子は最下層となる。しかし、孔子自身はそう思っていただろうか。

四

人はよく優劣をつけたがるものだが、本当の価値を見抜くことがいかに難しいかは孔子の例を見ても分かるだろう。人間の本当の価値というものは、そう簡単に分かるものではない。

五

富や名声といった「人生における成功」はいったん脇に置いたうえで、その人がどれだけ世の中に貢献し、影響を与えたかを考えるべきだ。そうすることで初めて、正しい評価が下されるのだ。

Keyword 31

「天は人の上に人を造らず人の下に人を造らず」

福沢諭吉の『学問のすゝめ』に書かれた一節であり、「人は皆平等である」ことを謳《うた》っていると解釈されているが、その後に、「人は、生まれながらに、貴賤《きせん》貧富の別なし。ただ、よく学ぶ者は、貴人となり、富人となり、そして、無学なる者は、貧人となり、下人となる」と続く。つまり、生まれた時人は皆平等だが、その後の努力で差がつく、と福沢はいっているのだ。「人は社会貢献したか否かで評価されるべき」という渋沢栄一の主張とも通じる。福沢は自身が創刊した新聞『時事新報』に「渋沢栄一の生き方こそ模範とすべきものだ」という記事を寄せるなど、その生き方を高く評価していた。

032

知らないことは
知らないといえ

二宮尊徳《にのみやそんとく》と西郷隆盛《さいごうたかもり》

一

ある日、西郷隆盛が相馬藩《そうま》の「興国安民法《こうこくあんみんほう》」について話があると、私の自宅を訪ねてきた。西郷ほどの人間が私のような下っ端役人を訪ねるなど、普通は考えられないことで、非常に恐れ入ったものだ。

二

興国安民法は二宮尊徳が相馬藩に招かれた時に考え出され、相馬藩の繁栄の基礎になったものだ。ただし、当時の政府は財政改革にあたり、これを廃止しようと話し合っていた。

三

相馬藩はこれを一大事として西郷に廃止のとり消しを訴え、それを受けて西郷は私に相談に訪れたというわけだ。しかし驚くことに、肝心の興国安民法について西郷はまったく知らないという。

四

そこで私は興国安民法について説明すると同時に、いつも考えていた財政に対する意見を論じることにした。相馬藩はもとより、国家のための興国安民法を考えることが急務ではないかと。

五

相馬藩の興国安民法と国家財政を憂う私の意見を聞き、西郷は帰って行った。明治維新の豪傑の中で、「知らないことは知らない」と見栄をはらずはっきりいったのは、西郷隆盛だけである。

Keyword 32

二宮尊徳

通称、二宮金次郎《きんじろう》。足柄《あしがら》栢山村（現在の神奈川県）の比較的裕福な農家の長男に生まれるが、少年時に父母を亡くし、その後水害に遭い、親戚の家で苦労しながら勉学に励む一方、捨て苗を植えて収益を上げ、成人後まもなく家を復興させる。その後も才覚を発揮し、噂《うわさ》を聞いた小田原藩主から藩士の財政再建を依頼され、これも成功。武士の位を与えられ、以来、財政再建や農村復興、基金救済の仕事に邁進《まいしん》することとなる。独特の農法「農村改良策」により、小田原、下館《しもだて》、相馬藩など約600村を復興させた。彼の思想や方法論は弟子たちを介して広がり、渋沢も多大な影響を受けたといわれている。

033

修養とは努力と知恵と徳だ

修養は理論ではない

修養とは単なる理論ではなく、実践があって初めて成り立つものだ。理論と現実、学問と事業が互いに並行して発達しなければ、単なる「空理空論」に終わってしまう。

一

空理空論のもとでは優れた人材が育つことはなく、むしろ国家の繁栄を妨げることにつながる。徳川幕府が衰退したのも、理論と現実、さらに学問と事業の「調和」を失ったせいだろう。

二

三

修養を目指す人は、知識の蓄積だけにとどまらず、精神面のバランスをとることが必要である。そのうえで、穏やかな心と強い志を持ち、前に進んでいってほしいと思うのだ。

四

つまり、修養というのは勤勉と努力を怠らず、知恵と徳を身につけることにあるといえる。知識を発達させると同時に、精神的な成長にも多くの力をそそがなければいけないのだ。

五

十分な修養を積み、精神的なバランスを身につけた人は、自分が社会の一員であることをきちんと自覚している。修養とは地域社会をはじめ、日本の繁栄に貢献することを目的としなければならない。

Keyword 33

幕末期の教育

幕末期の教育機関としては、まず儒学教育を中心として教育を行なった幕府直轄の「昌平坂《しょうへいざか》学問所」が挙げられる。そして諸藩には藩士子弟の教育のために設立され、朱子学を主とする儒学の講義や武術を学ばせる「藩校《はんこう》」があった。民間の教育機関には私塾と寺子屋があり、私塾では儒学や国学、洋学などの講義が行なわれ、寺子屋では読み・書き・そろばんなど日常生活に役立つ教育が行なわれていた。こうした教育の甲斐あって、当時の日本の識字率は50％にも達したといわれている。同時代のアメリカが20％であることを考えると、極めて高い教育水準を誇っていたことが分かる。

034

普段の心掛けこそものをいう

平生の心掛けが大切

一

一度決心したことでも、ふとしたことで心変わりしたり、人から勧められて、ついその気になったりすることがある。これを防ぐには自分の意志を忘れないという、普段の心掛けが大切だ。

二

強い意志を持っていても、いざ行動に移すと、思いどおりにいかないことが多いものだ。決心した当時に想像した以上の苦労や変化も訪れる。それでもなんとか踏みとどまらなければならない。

三

迷いが生じてもすぐに答えを出そうとせず、慎重な態度でじっくり思いをめぐらせることが大切だ。そうすれば必ず問題の本質が見えてくるはずであり、いずれ自分の本心に立ち返ることができるのだ。

四

私自身、人生において予想以上の困難に遭遇したことは何度もある。そこで、もし私の意志が弱く、深く考えることを怠っていたら、とり返しのつかない事態を招いていたかもしれない。

五

つまらないことだと甘く見ていたら、それが原因で、すべてが台無しになってしまうこともあるのだ。どんなことも深く考え、自分の意志に反することであれば、些細なことでもキッパリとはねつけなければならない。

Keyword 34

渋沢の「利殖」への意志

渋沢栄一が大蔵省を退省した明治の初めは、政府や官吏は尊く、庶民や民間の事業を卑しいものとする考え（P.23 参照）がまだ根強く残っていた。彼が大蔵省を辞めると聞いた官僚の友人たちは、「お金に目がくらんだのか」と批判したという。渋沢栄一は、「お金を扱うことがなぜ卑しいのか。金銭を卑しむようでは国家が成り立っていかない。官は偉く地位が高いなど正しくないだろう。人が勤むべき仕事は至るところにあり、すべてが尊いはずである。自分は論語を一生貫く」といい返したという。その言葉どおり、渋沢栄一は『論語』をもって利殖の大切さを説くという本心に立ち返り、それを貫いた。

035

結果オーライは
成功ではない

権威ある人格養成法

一

孔子が清貧暮らしをしている弟子の顔回（顔淵《がんえん》）を褒《ほ》めたことがあるが、それは、道理から外れた方法で手に入れた富や財産などはかないものだといいたかっただけで、富を否定したわけではない。

二

豊かさを求めることは決して間違いではない。問題なのは、成功の意味をはき違え、「どんなに汚い手を使おうと、富や地位を手に入れたら、それが成功だ」と考える人がいることだ。

三

人格を養い、正義・正道を貫き、その結果として富と地位を得る。それができて初めて「成功」といえるのだ。利益を得ることだけに執着し、国家や社会に目を向けない人を私は認めない。

四

人格養成の王道は、忠信孝悌《ちゅうしんこうてい》（誠意を持って親や目上の人に仕えること）の道を重んじることである。忠信孝悌を貫き修行するなら、まずは知性を磨かなければならない。知性がなければ、何も成し遂げられないからだ。

五

若者には暴力でも権力でも屈服させられないくらいの人格を養ってほしい。そうして築いた富を自分ひとりのものとせず、豊かで強い国家を築くことに活用してほしいと思うのだ。

Keyword 35

孔門《こうもん》の十哲《じってつ》

孔子には3000人ともいわれる弟子がいたが、その中でも特に学徳に優れた10人の弟子たちは「孔門の十哲」と呼ばれ、儒教を学ぶ者たちから尊敬を集めていた。清貧暮らしをしていた顔回も、この孔門の十哲の中のひとりである。顔回は「一を聞いて十を知る」ほどに聡明で、孔子がもっとも信頼を寄せていた高弟だった。貧しい家に育ち、食べるものにも事欠くほどだったが、それを意にも介さず、ひたすら学問と修徳に励み、誰からも愛されていたという。孔子も大きな期待を寄せていたが、30代で亡くなってしまう。孔子は「天われを亡《ほろ》ぼせり」と、その死を大いに嘆き悲しんだと伝えられている。

036

ビジネスに差別感情は持ち込むな

商業に国境なし

一

私はアメリカに格別な思い入れがあり、また、実業家のひとりとして「日米の国交親善のため、あらゆる誤解を解きたい」と願っていた。そこでアメリカの商業会議所に来日を呼びかけたことがある。

二

さまざまな会合で、私は来日したアメリカ太平洋沿岸の商業会議所の議員たちに日米関係について詳細に語った。そのうえで、「皆さんの力で日本に対する誤解を解いてほしい」とお願いしたのだ。

三

私の訴えはこうだ。「日本人が欧米の習慣に不慣れなせいで、マナーが悪い、協調性がないというような欠点があれば、どうか一緒に矯正して、努力し改めさせるようにしてほしい」

四

さらに、「人種や宗教の違いによる偏見から日本人を差別するのは、アメリカ人がすることではない。もしそうなら、アメリカは正義のフリをした乱暴者だといわざるを得ない」とも加えた。

五

私のこの訴えを、当時来日していた商業会議所の議員たちは、「まったくそのとおりだ」と快く受け入れてくれた。たとえ人種は違っても、真摯《しんし》に向き合えば、思いは必ず伝わるものなのだ。

Keyword 36

渡米実業団

1909年、渋沢が団長となり、東京や大阪など6都市から商業会議所を中心とした民間人50名を集め、アメリカ合衆国の主要都市を訪問した。良好な日米関係がアジア・太平洋、さらには世界平和にとって不可欠になると渋沢は予想し、日本各地の実業家や有望な若手に米国社会の本質を理解してほしいと考えたのだ。当時69歳という高齢にもかかわらず、渋沢は渡米実業団団長として約3カ月間、現地で精力的に活動した。視察を通しアメリカの成長を実感するとともに、商工会議所の連携強化など民間交流の組織化に成功。これが戦後の日米財界人会議へつながる太いパイプを築く出発点となったのだった。

Column 06

ショート・コメント by 渋澤 健

「人格と修養」の読み解き

人の品格とは外見から観察できる特徴であり、他との比較も可能だ。また、人の性格も外面に表われている。

一方、人の人格は内面に潜んでいる要素もあり、じつは簡単に見える特徴ではない。他と比べることも難しいものだ。しかし、内面にあるということは、それは自分の本質、コアなのだ。

修養とは自分を磨くことで、磨くためには摩擦が必要。自分にコアがなければ、磨けば磨くほど、何も残らなくなるだろう。揉《も》まれて、自分を失ってしまうだけだ。

自分らしさという輝きを修養で磨くためには、人格というコアが不可欠なのだ。

第7章

算盤と権利

―競争と利益の章―

渋沢は個人の利益を追求した先に、社会や国の繁栄につながる事業の経営を心掛け、それをまわりにも勧めているという。しかし、貧富の差や競争といった問題も起こりうる。これについての考えが本章では述べられている。

037

仁だけは誰にも譲るな

仁に当っては師に譲らず

一

論語はキリスト教と違って個人の権利という考えが欠けている、そんな教えは文明国の教えにはできない、という人がいるが、それは勘違いだ。まず、孔子の時代に個人の権利という意識は欠けていた。

二

そして『論語』は「人はこうあるべき、こうありたい」と消極的に人道を説いたもので、宗教として成立したわけではない。時代的にも成り立ち的にも、権利の意識という点で否定するのは見当違いだ。

三

キリスト教の「愛」と『論語』の「仁」のように、似たものもあるが、前者が「自分がしてほしいことを他人にしろ」と能動的なのに対し、後者は「自分がしてほしくないことは人にするな」と受動的だ。

四

そのため、一見すると『論語』は義務ばかりで「個人の権利」という意識はないように感じられるが、そんなことはない。人間の守るべき道としては、私は『論語』のほうが良いと思うのだ。

五

たとえば「仁義を貫くためには、師匠にだって遠慮してはいけない」「道理が正しいならば、どこまでも自分の意見を主張してよい」などの個人の権利を謳《うた》った言葉が、『論語』にたくさんあるのだ。

Keyword 37

キリスト教

人類の罪を救済するために十字架にかけられ、復活したイエス＝キリストを救世主として信仰する宗教。仏教、イスラム教と合わせて世界三大宗教のひとつとされ、その教徒数は世界一。母体はユダヤ教であるが、イエスは戒律に縛られユダヤ民族のみが救われるとしたユダヤ教を批判し、神を信じる者は民族を問わず誰でも救われるとして布教を行なった。徐々にその信徒を増やしていったイエスはローマ帝国の脅威となり、紀元後30年頃に十字架にかけられて処刑され、その3日後によみがえったことが伝えられている。4世紀末には転じてローマ帝国の国教となり、欧米を中心に世界各国に広まっている。

038

王道が円満な社会を造る

ただ王道あるのみ

一

社会問題・労働問題は法律の整備だけでは解決できない。すべて法律に沿って決めるということにしたら、全員が権利や義務を主張し、労働者と資本家の人間関係が悪化してしまうことだろう。

二

両者の間には、これまで家族のような関係が築かれていた。法律を制定するのは一見もっともではあるが、両者の一種の愛情によって成立する関係を壊すことにもつながってしまうのだ。

三

私は、なんでも法の判断に従うのではなく、「王道」を心得ることこそが肝要なのだと思う。お互いに王道を持って接することで、両者は思いやりを持ち、労働現場に調和が生まれる。

四

なかにはそう考えず、ただ強制的に貧富の差をなくそうとする人がいるが、人には能力や賢さの差があるので、誰もが富豪になるのは不可能だ。「富の公平分配」なんてものは考えても仕方のない空想だ。

五

個人が富もうとするから、国家が富むのだ。そう思うからこそ人は日頃から努力をする。貧富の差はその結果であって、人間社会の宿命だ。だから知識人は、両者の調和を図らねばならないのだ。

Keyword 38

王道

渋沢栄一がいう「王道」とは、「徳の高い生き方」のことを指す。「王道とはすなわち人間行為の定規であるという考を持って世に処すならば、百の法文、千の規則あるよりも遥《はる》かに勝《まさ》ったことと思う（王道こそが人間の行ないの手本であるという考えを持って生きるならば、100の法律や1000の規則よりもすばらしいことだ)」と『論語と算盤』の中でいうように、人々が王道、つまり徳の高い生き方を互いに意識し合えば人々は良い状態で働けると考えた。ドイツ重工業企業のクルップ社やアメリカボストン近郊のウォルサム時計会社などが「王道」を実現している会社の例に挙げられている。

039

道徳ある善い競争をするべし

競争の善意と悪意

一

広義上の道徳はさておき、商売の道徳の話をしよう。ものごとに励もうとしたら競争は不可欠で、競争があるからこそ励みも生まれる。ただ、争いには善悪あることを注意したい。

二

たとえば、顕著な例になるが、「毎日早起きして志を高く持ち、知恵と努力で人に勝とうとする」のは「善い競争」。一方、「評判のよい商売を真似して利益を横どりする」のは「悪い競争」だ。

三

もし「善い競争」でなかった場合、自分だけ儲かるというケースもあるかもしれないが、ほとんどの場合は他人や自分に損害を出し、さらには国家の品位を台無しにする。悪い競争は避けるに越したことはない。

四

そんなことは誰でも分かることなのに、「道徳」というものを難しく考え過ぎると、それが形骸化してしまう。道徳とはそもそも「約束の時間を守る」「譲るべきものは譲る」など日常の中にあるものだ。

五

道徳を難しく考え思考の隅に追いやるのではなく、自分の良心に聞いてみるだけでよいのだ。悪い競争をしないように心に刻みつけながら、どこまでも努力し進歩してほしい。

Keyword 39

「孝悌《こうてい》は其《そ》れ仁を為《な》すの本」

広義上の道徳の説明のため、渋沢が引用した『論語』の一節。「其の人と為りや、孝悌にして上を犯すことを好む者は鮮《すく》なし。上を犯すことを好まずして乱を作《な》すことを好む者は、未だこれ有らざるなり。君子は本《もと》を務《つと》む。本立《た》ちて道生《みちしょう》ず。孝悌なる者は其れ仁を為すの本たるか」というのが全体だ。意味としては、「孝悌な人格の人が、地位や年齢が上の人に逆らうことは少ない。目上の人に逆らうことを好まない人で、内乱を起こしたという人はいない。君子は根本的なことを大切にする。根本が確立することで、人の道ができるのだ。親孝行で目上の人によく従うことは、仁に至るための根本である」という教えの最後の部分を挙げている。

040

大勢に利益を
もたらす事業を

合理的の経営

一

実業界には、多くの株主から集めた資金をあたかも自分の金であるかのように好き勝手に運用する者がいる。そうなると、会社は一種の伏魔殿《ふくまでん》と変わり果て、公私の区別がない行為が横行してしまう。

二

たとえば「○円で仕入れ、○円で売ったから利益は○円だ」とまで明かす必要はないが、あるものをない、ないものをあるという嘘《うそ》は絶対にいけない。

しかし、会社からそのような行為はなくならない。

三

私は、それは「不適切な人を重役にしたから」だと考えている。「名ばかりの重役」、「人はよいが経営の手腕がない重役」、「有名になる、私腹を肥やすために会社を利用する重役」などが社会には多くいる。

四

私は、たとえその事業が微々たるもので自分の利益にならないとしても、国家にとって必要な事業を合理的に経営するんだという思いがあれば、常に楽しむ気持ちで仕事ができると考えている。

五

さらに、私は一個人の利益より多くの人や社会全体に利益を与える仕事であることにポリシーがあると考える。自分ひとりだけ大金持ちになったところで、社会や人々が貧困であったら、その幸福は永続しないのだ。

Keyword 40

福沢諭吉の言葉

福沢諭吉の言葉に「書物を著わしても、それを多数の者が読むようなものでなくては効能が薄い、著者は常に自己のことよりも国家社会を利するという観念をもって筆を執らねばならぬ（本を書いても、多くの人が読まなければ効果が少ない。著者はいつも、自分よりも国や社会の利益を考えて本を書かねばならない）」というものがあったと記憶していると、渋沢栄一は『論語と算盤』の中で残している。この言葉は物書きの世界の話ではあるが、実業界も同じなのだという。大きく社会のためになる事業でなければきちんとした事業とはいえない、というのは渋沢の中で一貫した主張だ。

Column 07

ショート・コメント by 渋澤 健

「算盤と権利」の読み解き

多くの功績を成し遂げたのであれば、多くの権利を得られる算盤勘定は当然のこと。これは資本主義の要だ。

ただ、その権利とは、義務と「コインの表裏」の関係なことを忘れてはいけない。たくさん権利があるのであれば、それ相当分の義務もあるのだ。

渋沢栄一が示す「合理的」とは必ずしも無駄なく効率的に行なわれることだけはなく、「理」に「合う」ことだ。それは「理屈」や「理論」に合うことに留まることなく、「道理」や「倫理」に合うことも含まれている。道理とは王道なのだ。『王道をもって世に処するなら、百の法文、千の規則より勝っている』。この言葉を胸に留めておいてほしい。

第８章

実業と士道

—身分と魂の章—

商業を推し進める道とは、侍のとるべき「武士道」と通じている。今後は、商売人にもこれが必要だ。拠りどころとする道徳を海外ではなく、自分たちの足元に求めてほしい。本章で、渋沢はこの武士道について述べている。

041

武士道は
ビジネスに通じる

武士道はすなわち実業道なり

一

武士道とは日本の思想の最高傑作ともいえるが、武士階級にしか伝わってこなかったのは残念なことだ。商工業者は「そんなことをしていたら商売にならない」と考え、道徳を持ち合わせていなかった。

二

孔子は「金と地位は誰でもほしいが正しい方法で得なければならない。貧乏なのは誰でも嫌だが、それも怠惰などのなるべくしてなる正しい方法があってなるのだ」という。これは武士道の真髄と一致する。

三

実際は、聖人や賢者も富を望んで貧乏を避けたがったが、それより道義を最優先しただけだ。これを商工業者は「仁と徳は両立できない」と勘違いし、最終的に道義を後回しにするようになってしまった。

四

武士道は儒教を学ぶ人や武士だけのものではなく、商工業者もこの道に立つべきなのだ。西洋諸国の商工業者は個人間の約束を尊重し、損得が出てきても必ず約束を守る。道徳心や正義の意識が働くからだ。

五

それに比べて、日本の商工業者は目先の利益ばかり追いがちでいけない。日本人は大和魂の権化《ごんげ》である武士道を拠《よ》り所として、それを「実業道」として活動をするべきである。

Keyword 41

武士道

近世以降、武士階級の間で発達した道徳・倫理や価値基準が体系化された思想。江戸時代になって朱子学を中心とする儒教の影響を受け、武士が支配階級であるにふさわしい立派な精神や行動を求められるようになり、日本独自の思想として確立した。時代や人によって解釈が異なるが、渋沢栄一の場合は、その神髄を「廉直《れんちょく》（まっすぐなこと）」「義侠《ぎきょう》（弱者を助けること）」「敢為《かんい》（筋を通すこと）」「礼譲《れいじょう》（礼を尽くすこと）」などの人間の美徳をすべて合わせたものとした。1899 年に新渡戸《にとべ》稲造《いなぞう》がアメリカで、大和魂、武士道について解説した文化論である『武士道』という著作を刊行し、注目を受けた。

042

物真似時代と決別せよ

模倣時代に別れよ

一

明治維新から半世紀が経《た》とうというのに、日本人はまだ西洋にあこがれ、なんでもかんでもありがたがる風潮がある。西洋の真似はやめて、自分たちで考え自分たちで行動できるようにならねばならない。

二

たしかに経済の原則である「有《う》無《む》相通《あいつう》ず（お互いに欠けているものを融通し合う）」という姿勢は大事だ。私はただ強硬に排外主義を唱えているわけではないということは分かっていただきたい。

三

私の「国産品を買おう」という言葉が消極主義・排外主義と見られてしまうと、仲間や国家に迷惑をかけてしまう。そうではなく、日本向きのものを日本で作り、向いていないものは輸入する。それだけの話だ。

四

さらにいうなら、政府には「日本製品の奨励は大いに努めてほしいが、不自然・不相応な奨励の仕方をすれば失敗する」と伝えたい。親切がかえって不親切に、保護が干渉・束縛になりかねないからだ。

五

ひいきはかえってマイナスの結果を生み出してしまう。特に商品の試験や紹介をする時には私利私情を捨てて、ただ日本のことを思って、公平と親切を忘れずに心掛けてほしいものだ。

Keyword 42

「有無相通ず」

中国の前漢《ぜんかん》（紀元前3〜紀元前1世紀）の時代に編纂された歴史書である『史記《しき》』に伝わる言葉。一方にあって他方にないものをうまく融通し合って双方うまくいくようにする、という経済の大原則のこと。渋沢栄一は日本と世界の関係において以下のようにたとえた。「日本の関東地方では生糸がよく作られる。アメリカの特産品は小麦で、インドの特産品は綿花だ。それぞれの風土によって特産品は違うのだから、私たちはアメリカの小麦を食べ、インドの綿花を買い、生糸や綿糸を売っていくべきだ」。日本での生産に向いているものは国産でまかない、向いていないものは輸入する。それが「有無相通ず」の原則にのっとった方法なのだ。

043

時間の使い方で能率は上がる

ここにも能率増進法あり

一

私もいつもそうなのだが、ものごとの段どりがうまくいかないと、時間を無駄にしてしまう。社会が進みその現象が極端になると、能率が悪くなってしまうので大きな問題なのだ。

二

一日の労働に必要な時間を、仕事量から完全に割り出すことはできない。本来使わなくてもよかった人を使ったり、一度で済むことに３回人を使ったり、ということもよくあるのではないだろうか。

三

私が時間の使い方という点で感心したのは、アメリカで百貨店経営者のワナメイカー氏の接待を受けた時だ。「こんなふうにすると少ない時間でその日の仕事をまっとうできるのか」と驚いたものだ。

四

彼の話の切り盛りには一切の無駄がなく、話題も適切で、私はじつに敬服してしまった。このように時間を無駄にしないように心掛ければ、どれほど仕事の能率は向上するだろうか。

五

私たちが時間を浪費するのは「ものを作る手が止まっている状態」と同じ。労働現場においてはお互いに注意し人を無駄に使わないようにするのはもちろん、自分も自身のことを無駄に使わないように心掛けたいものだ。

Keyword 43

ワナメイカー

アメリカの実業家、政治家、百貨店の経営者であったジョン・ワナメイカー氏のことを指す。1869年にジョン・ワナメイカー社を設立し、国内最大級の紳士物衣料小売店に発達させる。その後、1875年に各種専門店をひとつの建物に集める「百貨店」事業に着手して成功。フィラデルフィアに続き、ニューヨークにも出店をする。「マーケティングにおける先駆者」とも呼ばれ、百貨店経営に大きく貢献した人物として知られる。「自分の仕事を愛し、その日の仕事を完全に成し遂げて満足した。こんな軽い気持ちで晩餐《ばんさん》の卓《たく》に帰れる人が、世の中でもっとも幸福な人である」など、多くの名言を残した。

044

誰もがモラルを持つように

果して誰の責任ぞ

一

明治維新の後、いろいろなことが進歩したわりに、道徳（モラル）は進んでいないという意見もある。確かにそうである。道徳を向上させるためには、道徳を行なっていくのが目下の課題だ。

二

とはいっても、なにか特別な工夫や方法が必要になるわけではない。ただ普段の仕事の経営において、そのように心掛けておけばよいだけだ。なにも難しいことはないのだ。

三

ただ、急激な進歩に道徳が追いついていない現状に、西洋の思想を単純に応用すれば失敗は免れないだろう。国によって道徳の意識も違うのだから、その社会にマッチした意識を育てねばなるまい。

四

たとえば、目上の人に呼ばれたら優先して駆けつける、というのは日本人の習性のひとつだ。しかしその結果「個人の約束を破るのは仕方ない」となると、西洋人は「日本人は約束を守らない」と感じてしまう。

五

道徳意識が食い違う原因を考えず、無暗に人を責めてはいけないが、私は現状の商業道徳に満足しているわけではない。「道徳観念が薄い」「自己本位過ぎる」などといわれないようにお互いに注意をすべきだ。

Keyword 44

「父召せば諾《だく》なし、君命じて召せば駕《が》を待たずして行く」

日本人が伝統的に持っている目上の人に対する道徳意識として、渋沢栄一が『礼記』から引用した漢文書き下し文の一節。「父が呼べばすぐに向かい、君主からの召集の命令があったなら、なにがあっても乗りもの（駕とはかごのこと）も待たずにすぐに駆けつける」という意味である。『礼記』とは儒教の経書で、「五経」のひとつ。主に、「礼（社会的秩序や個人の行為における伝統的規範）」の倫理的な意義について解説する。諸説あるが、前漢（紀元前3～紀元前1世紀）の戴聖《たいせい》という人物が、「礼」についての古い記録をまとめたものとされる。唐《とう》（7～10世紀）の時代に「五経」の中に加えられた。

045

利益追求の弊害をとり除くべき

功利学の弊《へい》を芟除《せんじょ》すべし

一

大和魂や武士道は日本の誇りなのに、商工業者の道徳意識は乏しいことは悲しいことだ。これはさかのぼれば、朱子学の儒教思想による日本の教育問題に突き当たる。

二

明治維新の前まで文化政策を主導していた林家《りんけ》の教えにより、民に「道徳や仁義は統治者が考えること。百姓は田畑を耕して商人は算盤を弾いていればそれで十分なのだ」という考えが根付いてしまった。

三

民から「国家を愛する」「道徳を重んじる」という意識が欠乏した状況は、容易に覆せるものではない。しかも突然登場した欧米文化は、その状態に乗じて人々を一斉に「功利」に向かわせてしまったのだ。

四

富と地位をほしがる気持ちは、人間の性欲と称しても過言ではない。しかし元々、道徳意識が欠けた人にそういった欲望ばかり焚《た》きつけてしまうと、その結果は火を見るより明らかだ。

五

悪しき風習や人々の道徳を改善せず放置するのは、国家・商業にとって良くない。商業道徳の基本信念を示し、実業家に信念の大事さを理解させる。そうして経済界の基盤を固めることが、急務の課題だ。

Keyword 45

性善説

孟子が唱えた、「人の本来の性質は善である」とする説。人々が善を思ったり、善《よ》い行ないを行なったりするのは、すべての人が先天的に道徳的性質を持ち合わせているからで、これを拡大していけば誰もが善人や聖人になれるとした。悪い行為は、物欲などの悪い性が本来善である心を覆ってしまうことによって生じる、あくまで後天的なものであると主張した。約50 年後に荀子《じゅんし》の唱えた「性悪説」はこれと対を為《な》す思想。渋沢栄一は『論語と算盤』の、「誰でも善と悪の心を持っていて、商業道徳の退廃を嘆いてその回復をしようと志す人もいる」という主張のなかで、この性善説を論拠とした。

046

「利益＝罪悪」という誤解を解くべき

かくのごとき誤解あり

一

そもそも競争はどんな時にもつきものだ。分かりやすいのは競馬やボートレースなどだが、これが極まると「目的のためには手段は選ばない」となってしまう。これと同じことがビジネスでも起こってしまう。

二

そんなふうに道理を勘違いするようになったのは、社会の風習のせいだと私は考えている。徳川家康が天下を統一してから、政治の方針は基本的に孔子の教えによっていたようだ。

三

個人の道徳がしっかりしていれば、家も地方も国もうまく納まる、という方針のもと、武士が仁義や忠信などの道を究めた結果、「生産や利殖は、仁義道徳に関係のない人間がやること」と誤解が生まれた。

四

そのため古代ギリシアの時代に「すべての商業は罪悪」とアリストテレスがいった時と同じような状況が、江戸時代の300年もの間、続いたのだ。いわゆる「武士は食わねど高楊枝《たかようじ》」という気風だ。

五

初めはそのシンプルな形式でもうまくいったが、だんだん知識は衰退し、気力は衰え、うわべばかりの形式がはびこった。その結果、武士の精神や商人の道徳が衰えた、こんな世の中になってしまった。

Keyword 46

アリストテレス

紀元前４世紀頃に活躍した、古代ギリシアの哲学者。「万学の祖」と呼ばれ、政治、文学、倫理学、博物学、物理学など、あらゆる学問領域に精通していた。学問のすべての分野で、今日用いられる概念や方法の多くが、アリストテレスに始まるといわれている。マケドニア（現在のギリシャマケドニア地方とマケドニア共和国の一部など）王の侍医ニコマコスの子として生まれ、古代ギリシア最大の哲学者といわれるプラトンに学んだ。アテナイ（現在のアテネ）郊外にリュケイオンと呼ばれる学校を設立し、研究に専念。アリストテレスの哲学は、その後長く、ヨーロッパのキリスト教的世界観を支える思想となった。

Column 08

ショート・コメント by 渋澤 健

「実業と士道」の読み解き

「士」とはプロフェショナリズム、たとえば弁護「士」や公認会計「士」のように、一定の職業の人を指している。

またその一方、西洋の騎士や日本の武士に見られるように、種の保存、維持、利益、繁栄のために行動するのもまた「士」なのだ。群選択説に示されているように、利他的な振る舞いをする個体が多い集団は存続しやすい。士とは「他の誰かのため」の存在といえるだろう。

ただ、日本企業の不正事件の理由のほとんどが「会社のため」。現代の「士」であるビジネスマンにも、自発かつ自得の自覚が必要なのではないだろうか。

第９章

教育と情誼《じょうぎ》

―親と学校の章―

本章では教育の重要性について触れられている。子どもを孝行の道に進めるか、不孝の子にしてしまうか、は親次第である。とりわけ母親の存在は大きい。子どもの教育、そして、学問と先生の重要性についての章である。

047

「孝」とは自然に溢れるもの

孝は強《し》うべきものにあらず

一

孔子は親孝行の大切さについて、いろいろなところで言葉を残している。しかし、親から子に対して「しっかり親孝行してくれ」というのは、逆に子どもを「不孝」にさせてしまうものだ。

二

私は、自分の子どもには「親には病気以外で心配をかけてくれるなよ」といったことは伝えるが、親孝行を求めたり、無理やりそのように仕向けたりなどは絶対にしないようにしている。

三

自分の思いどおりにならない子どもを「親不孝者め」と決めつけるのは大きな間違いだ。子どもが常に近くにいていたわってくれないからといって、それは「不孝の子」というわけではない。

四

私の父は決して「これが親孝行だ」と強制することがなかった。もし強制されたら、私は反抗して「不孝の子」になっていたかもしれない。孝行とは子がするものではなく、親が子にさせてやるものなのだ。

五

親孝行を強制すれば、子どもたちはますます自分の思いどおりにはならなくなり、「不孝の子」になってしまう。思いどおりにならないからといって、子どもを「不孝」にしてしまうのは可哀想なことではないか。

Keyword 47

孝

子どもが父母を敬い、よく仕えることを指す道徳のこと。儒教では、基本的な道徳項目として重要視されている。孔子も『論語』の中で「父母は唯《ただ》其の疾《やまい》を之《こ》れ憂う（親はただ子が病気をしていないか心配するもの。だから健康でいることこそ親孝行というものだ）」「今の孝は是《こ》れ能く養うを謂《い》う。犬馬に至るまで皆能く養うあり。敬せずんば何を以《も》って別たんや（近頃の親孝行とはただ物質的に養うことだけを指すらしいが、それなら犬や馬だってやっている。そこに尊敬の気持ちがなければ人間だって動物と同じなのだ）」などのように、何度も孝について触れており、孝を大切なものと考えていた。

048

学問のために学問をするな

現代教育の得失

一

昔の若者と比べて、今の若者は軽薄で覇気がない、という意見は、一概に肯定はできない。なぜなら今の若者にも偉い者はいて、昔の若者にもそうでない者はいて、比較すること自体ナンセンスだからだ。

二

昔は「武士階級の偉い若者を少数育てる」という「天才教育」だったが、今は「できるだけ多くの普通の若者を平均に引き上げる」という「常識教育」で、できない子どもが出てくるのは仕方のないことだ。

三

ただ、現代の若者は先生を尊敬せず、「あの先生は講義が下手だ」などと口にする。若者は良い先生に出会って人格を磨かなければいけないのに、多数教育のためにそれができなくなってしまったのだ。

四

また、学問においても、昔は心を磨くことを第一にしていたが、今は知識を詰め込むことを重要視している。精神の修養が後回しにされてしまうため、青年の人格形成に大いに危ういものがあると私は感じている。

五

現代の若者は「学問をすれば立派な人間になれる」という迷信のせいで、自分に合わない勉強をし、学んだ意味を見失ってしまうのだ。学問のために学問をするのではなく、目的を持って学ぶことが必要だ。

Keyword 48

良い先生を選ぶということ

昔の青年は、良い先生を選ぶことに苦心をしたという。たとえば、江戸時代の高名な陽明学者である熊沢蕃山《くまざわばんざん》は、陽明学の祖である中江藤樹《なかえとうじゅ》に直接会いに行って、弟子入りのお願いをしたが最初は許されなかった。その後熊沢は3日間、中江の家の前を立ち去らずお願いをし、中江もその熱意に感心して弟子入りを許可したという。その他にも、新井白石《あらいはくせき》（江戸時代中期の朱子学者、政治家）が木下順庵《きのしたじゅんあん》（江戸時代前期の儒学者）、林羅山《はやしらざん》（江戸時代初期の儒学者）が藤原惺窩《ふじわらせいか》（戦国～江戸時代初期の儒学者）に仕えたように、みな苦労をして良い先生を選び学問を修め、自らの徳を磨いたのだ。

049

偉人には賢母がいるもの

偉人とその母

一

かつての封建時代の日本のように、女性教育をおろそかにしていてはいけない。なぜならば、善良な女性からは善良な子どもが生まれ、優れた女性からは優れた子どもが生まれることが多いからだ。

二

孟子も、ワシントンも、楠木正行《くすのきまさつら》も、中江藤樹も、伊藤博文《いとうひろぶみ》も、その母親はみな賢母として知られている。優秀な人材は、家庭で賢明な母親に教育されている例がとても多いのだ。

三

女性を教育して、その知能や徳を向上させるのは、その女性ひとりだけを優秀な人材に育て上げるだけではなく、間接的にすばらしい国民を養成する要因となることが分かるだろう。

四

また、明治以前の女子教育は、「自分を慎むこと」ばかりに重きが置かれていた。男性だけでなく、女性もまた社会を作るにおいて大事な一員なのだから、男性と同じくらい重んじられなければならない。

五

女性に対する差別や侮蔑意識をとり除き、女性も男性同様国民としての才能や知識を高めていこう。共に助け合っていけたら、今までの2倍の人材が活用できるようになるではないか。

Keyword 49

女性教育

場所・時代を問わず、女子の教育は男子の教育と区別され、軽視されてきた傾向が強い。日本の明治時代以前の女性教育は、江戸幕府の学問所や藩校などの教育機関は男子のものとされ、女子は排除されていた。女子への教育は書道や和歌、裁縫などが中心で、勉学というよりも嫁入りのための準備として覚えることが主だった。近世になってからは、家庭や夫に従順に従うことを美徳とした教訓書（『女大学《おんなだいがく》』『女子訓《じょしくん》』など）が広く使われ、女性教育はますます停滞することとなった。1872（明治5）年は近代公教育体制のスタートにあたり、男女平等義務教育の実施を宣言。女子教育は徐々に改善されることとなる。

050

理論より実践に重きを置け

理論より実際

一

世間で一般的な教育を見ると、ただ「知識を詰め込むこと」だけが重視されているように感じる。それはつまり、「徳」を養育する方面の教育が明らかに欠けているということだ。

二

日本では「商業」という文明の一大要素が、長い間放っておかれてしまった。近年ようやく実業的な教育が注目されているが、そこにおいても同じ問題が浮かび上がってくるのだ。

三

急ぐまま、ただ理論と知識ばかりを詰め込み、規律や人格、徳義などは少しも顧みられない。こういったことは、軍事の分野においてはきちんと行なわれているため、たいへん頼もしく感じられる。

四

ただ、実業界で立つ人は、それを踏まえたうえで、「自由」を尊ばなくてはならない。軍のように上官の命令を待っていては、商売のチャンスを逃してしまうこともある。自由に商売をしてこそ発展が望めるのだ。

五

ただそうなると極端に誰もが知識を詰め込み、利益を求めるようになるため、私は心配だ。だから私は、そうならないように知識と道徳を並行して行なう実業教育をしようと、長年がんばっているわけである。

Keyword 50

「上下交《こもご》も利を征《と》りて、国危し」

『孟子』の一節。「身分が上の人物も下の人物も、みんなが自分の利益だけを追い求めるようになってしまったら、国家の存亡が危うくなってしまう」という意味である。渋沢栄一は、『論語と算盤』の中で「商売人が利益だけを追い求めて、道徳などがまったく顧みられない現状」をこの言葉を引用して懸念した。軍事力による支配、論理が優先された戦国時代に、道徳による王道政治を理想として説いた孟子は、さまざまな戦国諸侯と対話し、その言葉や行動が弟子たちによって記録されている。この一節は、梁《りょう》の恵王《けいおう》との対話の中で、利益のことを話題にした恵王をいさめた時の言葉だ。

051

一様な人材が溢れてはいけない

人物過剰の一大原因

ある事業の仕事量には一定の限度があり、必要なだけの人材が集まればそれ以上はいらなくなる。それなのに人材は毎年学校で養成されるから、今の未発達な実業界では彼らを十分使い切れていない。

人を使う側、使われる側。社会には多くの種類の人材が必要だ。しかし前者は少数で十分だが、後者は無限の需要がある。学問をした人は、「人の下で働くなんてバカらしい」と考え前者になりたがる。

三

また、知識ばかりを重視し、同一類型な人間ばかり増やす教育方針は間違っていると思う。精神修養もおろそかにされ、無駄にプライドも高い。こんなことをしていたら、人材が余るのも当然だ。

四

江戸時代の教育はシンプルで、教科書は「四書五経」「八大家文《はちだいかぶん》」くらいだった。しかし輩出される人は一様ではなかった。教育方針が人によって異なり、そのうえ学生が自分で長所を伸ばそうとしたからだ。

五

昔の教育は「100人からひとりの秀才」を輩出したが、今は「99人の平均的人物」を作る。しかし、「人格ある人を育てる」という精神が抜けているため、平均的人材の過剰供給をもたらしているのだ。

Keyword 51

八大家文

中国の散文選集。「八大家」とは、中国の唐（7～10世紀）・宋（10～13世紀）の時代を代表する８人の文章家を指し、彼らの文章が選集されている。唐の韓愈《かんゆ》、柳宗元《りゅうそうげん》、宋の欧陽脩《おうようしゅう》、蘇洵《そじゅん》、蘇軾《そしょく》、蘇轍《そてつ》、曽鞏《そうきょう》、王安石《おうあんせき》の名前が文章家として挙げられる。彼ら８人の文章を古文の模範として選集をする試みは、明（14～17世紀）の茅坤《ぼうこん》が編んだ『唐宋八大家文鈔《しょう》』など古くから行なわれていた。清（17～20世紀）の時代には沈徳潜《しんとくせん》がさらに編集を加えた『唐宋八家文読本』が成立し、古文の教科書として広く使われるようになった。日本にも江戸時代になってから伝わり、大いに流行した。

Column 09

ショート・コメント by 渋澤 健

「教育と情誼」の読み解き

自分を囲む「枠」の外からいろいろな知見や知識を少しずつとり込むことによって、自分が生活できる範囲を広めることが教育だ。つまり、教育により私たちは自由を得る。

一方、自由になるということは、責任も増えるということだ。特に対人関係に然《しか》り。そのため、教育と情誼はセットとして考えるべきだと渋沢栄一は訴えた。

教育というと、知識を得ることというイメージがあるのではないだろうか。ただ、知識を詰め込む教育とは違い、真に自由度を高める教育は、心の育成も忘れない。それは昔の時代でも現在でも、変わらず大切なことなのだ。

第10章

成《せい》敗《はい》と運命

―成功と努力の章―

最後の章では、人生の運についての考えがまとめられている。逆境に立ち向かい自らの運を切り開くには、どう立ち振る舞うべきか。成功と失敗だけにとらわれない、意義のある人生を送るためのアドバイスが詰まっている。

052

真心と思いやりが成功を握る

それただ忠恕《ちゅうじょ》のみ

一

どんなに忙しく大変であっても、大きな喜びや感動を持って事業にとり組んでいるならば、飽きや嫌気などの苦痛を感じることはない。反対に、全然楽しくもない仕事には自然と嫌気が差すものだ。

二

精神がイキイキとして、楽しんでいるなかに自分の興味がわくものを見つけると、無限の感興が呼び起こされる。そしてその感興が、事業の発展へとつながる。こういった働き方が幸せといえるだろう。

三

ある程度人生が決まっていたとしても、自分で努力して運命を切り開かねば、決してそういった幸せをつかむことはできない。それぞれが楽しく仕事をして、良いものにするよう努めていかねばならないのだ。

四

また、自業自得な人を相手にする時にでも同情しないのは良くないことだ。絶対に忘れてはいけない人道とは、「忠恕（＝真心と思いやり）」だ。だから、人は真面目に仕事をして、仁愛の情を持たねばならないのだ。

五

自業自得な人にも同情を寄せることが忠恕だが、これは人が歩むべき道であり、世の中で身を立てていくための基礎でもある。それがあって、人は初めて幸せをつかむことができるようになるのだ。

Keyword 52

渋沢栄一の忠恕

渋沢栄一は社会的困窮者救済のために設けられた東京都養育院（P.105参照）の初代院長であった。『論語と算盤』の中では、そういった立場ならではの、渋沢の「忠恕」についての記述がある。「養育院にいる人々は、よいことをしてきたのに悪い結果になってしまった人や、行き倒れただけの人もいるが、ほとんどの人が自業自得で貧困に陥った人々だ。しかし、彼らに対して自業自得だからと同情しないのは良くない。それは彼らを優遇しろというわけではなく、救済する時には哀れみの気持ちを必ず持つように、ということだ」。渋沢は常に思いやりを持ち、仕事を通してそういった人道を実現していくことを重要視した。

053

人事を尽くして天命を待つべし

人事を尽くして天命を待て

一

天命とは体や人格を持つ霊体などではなく、人がまったく気づかないうちに自然に行なわれていくことだ。「これが天命だ」といったりするのは、人が勝手に決めているのであって、「天」は無関係なのだ。

二

だから、人は「力を尽くしさえすればできないことはない。無理でも不自然でもなんでもできるのだ」と考えるのではなく、天命に畏怖《いふ》の心を持つようにするのが良いだろう。

三

畏怖の心を持つ、とは恭・敬・信の心で天に向かい、明治天皇の「教育勅語」のように「地道に長安に通じる大道だけを歩み、力を過信して無理・不自然なことをしない」ということだ。

四

人が意識しようとしまいと、天命は四季が移り変わるように、あらゆる事象の間に行なわれていく。この事実を悟って、「天に対して恭・敬・信の心で向かい合わねばならない」という信念を持とう。

五

そうすれば、「人事を尽くして天命を待つ」という言葉の真の意味も、初めて理解できるだろう。生きていくうえで、あらゆるものごとを天命ととらえ、恭・敬・信の心で向き合うのがもっとも道理にかなう考え方だ。

Keyword 53

教育勅語

正式名称「教育ニ関スル勅語」。教育の基本理念を明示するために、明治天皇の名のもとに1890（明治23）年10月30日に発布された。忠君愛国主義と儒教的道徳を教育精神の大きな柱とし、その後の天皇制を支えた。政府は勅語を全国の学校に配布し、勅語の音読や天皇の写真の拝礼などを義務化。修身などの教科も勅語に基づいて行なわれることになり、これらを通じて日本の教育は「教育の最高原理である教育勅語」によって強く統制されることとなった。特に第二次世界大戦時には極端に神聖化されるも、1947（昭和22）年の学校教育法の制定に伴って、翌年に国会でその失効と排除が決議された。

054

努力すれば逆境は現われない

順逆の二境はいずれより来るか

一

もし世の中で必要とされるだけの学問を身につけ、健康で勉強家であったなら、その人は必ず出世する。世間はその人を「順境の人」と見るが、本当は自分の力でその境遇を作りだしたにすぎない。

二

逆に元々愚鈍で不勉強な人が社会に出ても、不平ばかりがたまり、自暴自棄になって貧困にあえぐようになる。こうなると世間はその人を「逆境の人」と見るが、これも自分が招いた結果でしかないのだ。

三

文学者の韓退子《かんたいし》は自らの詩のなかで、「賢者も愚者もスタートは一緒だが、学ぶか学ばないかで最終ゴールが違う」と語っている。ダメな人は教えてもどうしようもなく、できる人は教えなくても自分で道を切り開くのだ。

四

つまり、本当はこの世には順境も逆境も存在しないのだ。優れた知能と必要な学問がそろっていれば、その人は逆境に陥るはずがなく、逆境が存在しなければ、自然と順境という言葉も存在しなくなる。

五

多くの人には、自分の知能や勤勉さに問題があるのを棚に上げて「逆境が来た」という悪癖がある。それなりの知能を持った人がきちんと勉強すればそんなものは来ないのだから、そう口走るのは愚かなことだ。

Keyword 54

韓退子

中国の唐（7～10世紀）の時代の文学者、思想家、政治家である韓愈のことを指す。退子（退之）は韓愈の字《あざな》（元服した時につけられる名前）である。八大家（P.231参照）のひとりとして数えられる。詩人である李白《りはく》と杜甫《とほ》を尊敬し、自由な表現を尊重する文体改革を提唱。そのスタイルは、宋代以降は中国の散文文体の主流となり、彼の文章はその手本となった。「韓白《かんぱく》」と並び称されるように、白居易《はくきょい》と並ぶ唐の代表的詩人でもある。思想家としての面では、儒教の中でも特に孟子を重要視し、道教や仏教を否定した。文章の面でも学問の面でも、後の世に大きな影響を残した人物だ。

055

ものごとは細心さと大胆さが大切

細心にして大胆なれ

一

社会の進歩に伴いシステムが整ってくるのは当然だが、そうなると世間が保守的になり、新しい活動が始めづらくなるものだ。しかし日本は後進国なので、列強と張り合うにはますますの発展が必要だ。

二

従来の方法を後生大事に維持したり、失敗を恐れて迷っていたりでは、国家の運命を切り開くことは叶わない。イキイキとした進取の気力を養い発揮していくことが重要だと私は感じている。

三

そのためには、独立独歩の人になる必要がある。他を頼り過ぎると、自信を失くしてしまう。そして細かいことに固執すると気力がすり減り、挑戦する心もしぼんでしまう。細心さと大胆さを持ち合わせるのだ。

四

一方、世間で保守的な雰囲気が広がるのには不安を感じる。民間事業者が政府の保護を待ち望んでいる現状を一掃し、政府の力を借りずに事業を発展させる覚悟を持ってもらわねばならない。

五

また、細かいことにこだわってその部分だけに没頭すると、規則ばかりが増え、それを守ることだけにあくせくしてしまう。そうなると、イキイキとした気力を持って新しく挑戦的な事業を始めることなど望めない。

Keyword 55

殖産興業《しょくさんこうぎょう》

明治時代初期において、アメリカやイギリス、ドイツなどの先進国に対抗するため、近代的な産業技術・機械を日本社会に導入し、資本主義としての社会を保護育成、生産や産業の活性化をしようと試みた政策。軍事、鉄道、通信、造船、鉱山などの官営事業、紡績、製糸などの工場建設、牧畜、農林業などの施設創設などに始まり、1875（明治8）年頃には私企業への補助金や資本金の交付なども重要視していた。それらの行ないによって、近代産業は徐々に発展していくことになる。そういった官営事業は、その後の官業払い下げによって民間ブルジョワジーの手に渡り、財閥形成の原因にもなった。

056

努力すれば必ず好運が訪れる

成敗は身に残る糟粕《そうはく》

一

成功や失敗は、懸命に生きた人生の残りカスのようなもの。しかし、多くはそればかりに目を向け、もっと大事な「天地の道理」を見ない。その命をどう使うかより、残りカスである金銭しか眼中にないのだ。

二

そうではなく、人は自分の使命を果たすことに満足を見いだすべきだ。運命だけが人生を支配するのではなく、智力が伴って初めて運命を切り開くことができる。チャンスを逃さない智力で成功を収めるのだ。

三

結局、誠実に努力をして自ら運命を切り開くことが大切なのだ。もしそれで失敗しても、「自分の智力が不足していた」と諦め、成功したら「智力をうまく使えた」として結果にかかわらず天命に任せる。

四

そうして失敗しても努力を続けるならば、いつかまた好運が訪れるものだ。結果について是非や善悪を論じる必要はなく、常に誠実に努力するならば「天」は必ず味方し、運命を切り開くことを仕向けてくれる。

五

その時々の結果など、長い人生においては泡のようなものだ。それなのに、その儚《はかな》い泡に憧れ、目に見える成功ばかり論じる人が多いのでは、この国の発展も思いやられるではないか。

Keyword 56

家康と秀吉の運命

渋沢栄一は、智恵があって初めて運命を切り開けることを、家康と秀吉を例として紹介している。もし秀吉が80歳まで生きて家康が60歳で死んでいたら、天下は徳川家のものではなかったかもしれない。死期の問題だけでなく、周囲の人材の事案もあった。徳川家には名将が集まったのに対し、豊臣家では忠臣の片桐且元《かたぎりかつもと》は退けられ、淀殿《よどどの》の乳母《うば》の子である大野治長《おおのはるなが》父子が重用され、石田三成が挙兵して滅亡を早めと、さまざまな問題が発生した。そういったことが重なり、家康にとって天下をとる千載一遇の「運命」が彼の目の前に現われた時、家康がその智力でもって運命をつかみとったと考えたのだ。

Column 10

ショート・コメント by 渋澤 健

「成敗と運命」の読み解き

成功や失敗とは長い人生において眼前で弾ける泡であり、誠実に努力を継続することが運命を開くと渋沢栄一は説いている。

宿命は「宿る命」なので、変えることはできないが、運命は「運ぶ命」。自分の行ないによって、運命は変えられるのだ。

真に成功した価値ある人生とは、金儲けで計れるのだろうか。マズロー欲求説によると5つの欲求がピラミッド構造となり、土台が生理的で、それから安全、社会的（外的）、尊厳（内的）へと重なり、そして、もっとも高い欲求が自己実現だという。

金儲けだけでなく、自己実現できる人生にこそ価値があるのではないだろうか。

参考文献

『現代語訳 論語と算盤』渋沢栄一【著】、守屋淳【訳】／筑摩書房
『渋沢栄一 100の金言』渋澤健【著】／日本経済新聞出版社
『渋沢栄一 100の訓言』渋澤健【著】／日本経済新聞出版社
『論語と算盤』渋沢栄一【著】／国書刊行会
『論語と算盤〈上／下〉』渋沢栄一【著】、奥野宣之【訳】／致知出版社

本書は、2019年2月に小社より刊行した『あらすじ論語と算盤』(宝島社新書)を改題のうえ、再編集したものです。

Book Staff

編集　丹羽祐太朗（株式会社 G.B.）
執筆協力　阿部えり
カバー・本文デザイン　深澤祐樹（Q.design）
DTP　G.B. Design House

渋澤 健（しぶさわ・けん）
「日本資本主義の父」といわれる渋沢栄一の玄孫。コモンズ投信株式会社取締役会長。JPモルガン、ゴールドマン・サックスなど米系投資銀行でマーケット業務に携わり、1996年に米大手ヘッジファンドに入社、97年から東京駐在員事務所の代表を務める。2001年に独立し、シブサワ・アンド・カンパニー株式会社を創業。07年、コモンズ株式会社を創業（08年にコモンズ投信株式会社に社名変更し、会長に就任）。経済同友会幹事。主な著書に『渋沢栄一100の訓言』、共著に『寄付をしてみよう、と思ったら読む本』（ともに日本経済新聞出版社）などがある。

宝島社新書

ざっくり読書 論語と算盤
（ざっくりどくしょ ろんごとそろばん）

2025年5月9日　第1刷発行

監　修　渋澤 健
発行人　関川 誠
発行所　株式会社 宝島社
〒102-8388
東京都千代田区一番町25番地
電話：03-3239-0928（編集）
03-3234-4621（営業）
https://tkj.jp
印刷・製本　中央精版印刷株式会社

First published 2019 by Takarajimasha, Inc.
ISBN 978-4-299-06735-7